跆拳道运动
训练技术指导

吴静云 —— 著

重庆出版集团 重庆出版社

图书在版编目（CIP）数据

跆拳道运动训练技术指导 / 吴静云著. -- 重庆：重庆出版社, 2024. 10. -- ISBN 978-7-229-19119-1

Ⅰ. G886.9

中国国家版本馆CIP数据核字第2024SJ3291号

跆拳道运动训练技术指导
TAIQUANDAO YUNDONG XUNLIAN JISHU ZHIDAO
吴静云　著

责任编辑：李　雯
责任校对：刘小燕
装帧设计：程　颖

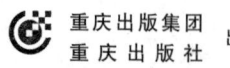

重庆出版集团
重庆出版社　出版

重庆市南岸区南滨路162号1幢　邮政编码：400061　http://www.cqph.com
重庆诚迈文化传媒有限责任公司制版
重庆天旭印务有限责任公司印刷
重庆出版集团图书发行有限公司发行
邮购电话：023-61520646
全国新华书店经销

开本：890mm×1240mm　1/32　印张：3.75　字数：80千
2024年10月第1版　2024年10月第1次印刷
ISBN 978-7-229-19119-1

定价：28.00元

如有印装质量问题，请向本集团图书发行有限公司调换：023-61520678

版权所有　侵权必究

前言

跆拳道是一种利用拳和脚的艺术方法。它以脚法为主,另有兵器、擒拿、摔锁、对拆自卫术及十余种基本功夫,承继长久传统,"始于礼,终于礼"。今日的跆拳道已不只是一种具有高度攻击能力的方法,而且还是一种精巧的形体艺术和健身方法。

本书理论与实践并重,侧重实践应用,按照"入门与提高"的思路编撰,深入浅出,图文并茂,易读、易懂、易学、易练。可作为跆拳道专项课教材,也可作为跆拳道练习参考书。

本书在编写过程中参阅、借鉴了大量相关资料,仍难免挂一漏万,恳请广大读者予以批评指正,以臻完善。

目录

前　言

第一章　什么是跆拳道　　1

第一节　跆拳道简介　　3
第二节　现代跆拳道的发展　　4
第三节　跆拳道的作用与特点　　6
第四节　跆拳道的礼仪与段位制　　8
第五节　不同级别腰带颜色及级别介绍　　11

第二章　跆拳道准备活动与专项辅助训练　　13

第一节　跆拳道的准备活动　　15
第二节　关节活动操　　19

第三章　跆拳道基本技术　　21

第一节　竞技跆拳道技术　　23
第二节　跆拳道实战技术与战术　　59

第四章　跆拳道竞赛　　　　　　　　　　95

　　第一节　跆拳道竞赛的组织　　　　　97
　　第二节　跆拳道竞赛技术官员及职责　105

参考文献　　　　　　　　　　　　　　111

第一章
什么是跆拳道

跆拳道最早可以追溯到两千多年前的各种技击术,如手搏、跆跟、角抵和唐手等;现代跆拳道大约在20世纪50年代才整合而成并开始向世界传播。跆拳道是一门武学技艺,是富含东方文化的传统体育运动,是在世界范围内被广泛练习的东方格斗技。

第一节　跆拳道简介

跆拳道不仅仅训练身体格斗的技巧，更重要的是它让练习者通过身心训练来改善自己的精神和生活。在漫长的历史发展和演变中，跆拳道不断融入包括中国武术和日本空手道等东亚搏击术的精华，经过历代练习者的努力与探索，逐渐形成了现在风靡世界的跆拳道运动。

跆拳道以攻防格斗为主要内容，通过品势、实战、击破、自卫术、对打等训练方式达到锻炼身体、磨炼意志的目的。"跆"的意思是"脚法或腿法"，"拳"的意思是"拳法或格斗"，"道"的意思是"道路或纪律"。从字面上来看，跆拳道具有两层重要含义：第一，跆拳道是使用整个身体进行格斗的一种运动；第二，跆拳道是战胜自己、磨炼意志的一种方式。现代跆拳道不仅是一项综合体育运动，也诠释了人类在极端恶劣的环境下求生的能力。

第二节　现代跆拳道的发展

19世纪40年代后期，韩国的武艺进入快速发展时期。崔泓熙、蔡叔命等人开始进行使跆拳道独立于其他武道体系的探索。在此期间，各个武术高手开始在韩国各地开设道场，并且形成了段位制升级考核体系，具有代表性的道场有：青涛馆、武德馆、研武馆、悟道馆、正道馆、韩武馆等。1966年，第一个国际化的跆拳道组织——国际跆拳道联盟（ITF）在韩国成立，崔泓熙任总裁。1972年11月30日，韩国跆拳道国技院成立。1973年，世界跆拳道联盟成立，主席为金云龙。国际跆拳道联盟和世界跆拳道联盟是目前世界上两个主要的跆拳道组织，这两个组织对跆拳道的国际化发展起到了巨大的推动作用。

跆拳道现在已进入包括奥运会在内的各个重大体育组织与国际赛事。世界跆拳道联盟在1975年加入国际体育单项联合会，1980年获得国际奥委会的承认。跆拳道于1986年成为亚运会正式比赛项目；1987年成为泛美运动会、东亚运动会和全非运动会的正式比赛项目；1988年、1992年两次成为奥运会表演项目；经过不断努力，1994年在法国巴黎召开的国际奥林匹克大会上，跆拳道被列为2000年悉尼奥运会正式比赛项目，共设8枚金牌

(男、女各4枚)。到2024年，跆拳道已经连续7届被列为奥运会正式比赛项目。在2012年伦敦奥运会上，跆拳道比赛开始使用电子护具，通过科技手段防止裁判误判或漏判，大大增加了比赛的公正性和客观性。

第三节 跆拳道的作用与特点

一、跆拳道的作用

(一) 强身健体,修身养性

跆拳道拥有完整的武道训练体系,可以对练习者的身体健康产生积极影响,如速度、耐力、力量、灵敏性和柔韧性等。现代科学技术的发展导致很多人要"久坐"以完成学业或工作,缺乏足够的体育锻炼,跆拳道训练中的很多动作皆为舒展拉伸、跑跳结合等全身运动,能有效提高人体综合运动能力,为工作和生活奠定坚实的身体基础。跆拳道除了可以像其他体育运动一样提升练习者的身体能力外,更重要的是,跆拳道还有磨炼意志的功能:练习者可以在跆拳道训练过程中培养坚韧不拔、吃苦耐劳、积极向上的性格特质。

(二) 防身自卫

跆拳道具有很强的防身自卫功能。跆拳道训练中的实战训练和自卫术训练有助于提升练习者的实战能力。紧急情况下,徒手格斗术可以起到非常重要的防身自卫作用。通过跆拳道训练而获得一定的防身自卫能力，可以增加练习者的勇气和信心。

（三）教化作用

跆拳道作为古老的东方格斗技，在现代社会具有重要的教化作用。跆拳道可以培养练习者"以礼始，以礼终"的武道精神以及忍耐克己、百折不屈的品质。

（四）娱乐观赏

作为一种格斗对抗项目，跆拳道的主要攻击手段是腿法，迅速多变的腿法具有很强的观赏性。练习者可以通过跆拳道表演来展现自我，观摩者也可以在观看的过程中获得身心愉悦。

二、跆拳道的特点

在竞技比赛中，以腿法为主要进攻武器；在全球范围推广和实行段位制；注重内外双修；注重礼仪，"以礼始，以礼终"；以击破来检验练习者的功力；训练和比赛时着道服和腰带；在全球有统一的技术体系；不断创新。

第四节　跆拳道的礼仪与段位制

一、跆拳道的礼仪

"以礼始，以礼终"贯穿整个跆拳道教学与比赛，并对练习者产生潜移默化的影响。跆拳道的礼仪主要体现在尊敬师长、培养互相团结和互相学习的精神及谦虚互敬的人格特征。

（一）跆拳道站姿

两腿并拢，双脚脚跟与脚尖均并在一起，收腹、挺胸、抬头，目视前方，两手自然贴于大腿两侧的中间，五指并拢。

（二）跆拳道敬礼

从站姿开始，以腰部为轴，身体前倾约30°，头部前屈约45°，两手自然下垂，稍微停顿后还原成起始姿势。

（三）道场的礼节

1.跆拳道练习者进入道场训练时必须身着干净整洁的道服和与自己所处级别对应的腰带，听从教练的指导和安排，和其他学员互尊互敬，共同提高。

2.每次进入道场时要先向国旗敬礼，然后向教练敬礼问候。

3.训练开始时除掉身上所有饰品，整理道服；整理道服时须转身背对国旗、教练和同伴。

4.在训练和比赛过程中，以礼开始，以礼结束，热心帮助他人完成训练。

5.训练过程中如果有急事，必须向教练请示，得到应允后方可离开道场。

6.修剪整齐手指甲和脚指甲。

7.训练结束后，听从教练指令向国旗敬礼，然后向教练敬礼；离开道场须再次向国旗敬礼，并向教练敬礼道别。

二、跆拳道的段位制

跆拳道在世界范围内的推广离不开它独具特色的段位制。跆拳道的段位制分为"十级""四品""九段"。跆拳道具有严格的技术等级考核制度，练习者水平的高低可以通过"级""品""段"来进行划分。其中，"级"包括十级至一级，十级最低，一级最高。腰带的颜色则代表着练习者不同的级别，从低到高依次为白带（十级）、白黄带（九级）、黄带（八级）、黄绿带（七级）、绿带（六级）、绿蓝带（五级）、蓝带（四级）、蓝红带（三级）、红带（二级）、红黑带（一级）、黑带（一段至九段），

其中，黑带授予的最低年龄为15岁，低于15岁但达到黑带水平者则授予"品"级，15岁前最高可授予三品，达到15岁之后自动升为"段"。

第五节　不同级别腰带颜色及级别介绍

腰带的颜色代表着练习者的水平。由低到高分为白带、白黄带、黄带、黄绿带、绿带、绿蓝带、蓝带、蓝红带、红带、红黑带十个级别，再往上是黑带，黑带分为一段至九段。

一、级位

十级的白带表示初始阶段，代表空白。九级为白黄带。八级的黄带表示处于学习的基本阶段，黄色代表大地，意指植被在大地上生根发芽。七级为黄绿带。六级的绿带表示技术不断进步的阶段，代表植被在成长当中。五级为绿蓝带。四级的蓝带表示技术到达了一定水平，蓝色代表天空，意指地面上的植被已经生长到了天空的高度。三级为蓝红带。二级的红带表示技术已经具有一定的威力，红色代表太阳，同时也意味着危险，警告对手不要随意接近。一级为红黑带。

二、段位

黑带有九段，黑带的新手阶段是一至三段，高水平阶段是四至六段，只有为跆拳道作出巨大贡献及具有很高研究造诣的人方可被授予七段至九段的荣誉段位。黑带分为两种类型，即WTF和ITF。WTF是奥运会中的比赛项目，主要以竞技为主。因此运动员都需穿戴防护装备，以免受伤。ITF以实战为基础，突出的是跆拳道的实战应用和杀伤力。在正式的ITF实战中，运动员只穿戴一副护手和护脚，危险性相对较高，没有成为奥运会的比赛项目。

黑色象征着与白色的对立。相对于白色，黑色级别的练习者技术熟练，意味着在黑暗中也能发挥自身能力。

三、品位

15岁以下的未成年运动员的水平如果达到了黑带一段至三段，就可获得相应的品位，一品等于一段，未成年人最高可考至三品（达到规定年龄以后自动升为同级段位）。

第二章
跆拳道准备活动与专项辅助训练

本章简要介绍跆拳道训练前关节操与跆拳道专项基本功训练方法，重点介绍跆拳道专项辅助训练方法，特别是跆拳道柔韧性训练法。

第一节　跆拳道的准备活动

一、准备活动概述

"准备活动"这一术语是指练习者在训练或者比赛之前从生理和心理上预先进行多种肢体关节的走、跑、跳的身体活动。由于跆拳道是一项全身参与的剧烈活动，因此在训练或比赛之前，应充分做好准备活动（热身运动）。跆拳道练习者训练前身体各部位、各系统的有关区域处于安静和抑制状态，准备运动就是使人体各部位、各系统、各器官，从静止、抑制状态逐步过渡到兴奋、紧张状态，从而为身体承受训练时的最大负荷做好准备，促进人体肌肉功能的有效发挥。准备活动是获得理想训练效果的重要一步。

准备活动的时间因人因时而异，一般夏季可短些，冬季应长些，保持体温，练到身体发热，肌肉、关节、韧带完全放松，变得灵活、柔软而富有弹性。初学者应重视准备活动，这是一项基本功。否则，一开始就进行超负荷的拉、压，剧烈的跳跃、蹬踢和击打练习，极易造成肌肉、韧带拉伤，或其他损伤。

适度进行准备活动，微微地出汗，将有助于增强肌肉的弹性，提高肌肉温度，提高训练者大脑皮层的兴奋度，调节机体各器官系统的机能，使之尽快地进入训练状态；这是运动肌纤维产生化学反应所必需的，对于跆拳道练习者来说非常重要。如果准备活动不充分，人体的神经系统和内脏器官不能充分动员起来，微循环不良，肌肉伸缩能力欠佳，腿部力量不能很好地发挥，势必影响练习者训练的效果，会有踢不快、跳不高、技术动作不协调、反应欠灵敏等现象发生，严重者在训练过程中会造成肌肉、肌腱、韧带等的撕裂及创伤。特别是在寒冷的冬季，人体因受寒冷的刺激，肌肉、肌腱、韧带的弹性或伸展性明显降低，全身关节的灵活性比夏秋季节差得多。如果在训练前不做准备运动，则容易引起肌肉、韧带拉伤或关节扭伤，致使训练不能正常进行。准备活动的重要性主要表现在以下几个方面：

（一）防止运动损4伤发生

人体的颈关节，上肢的肩、肘、腕关节，腿的髋、膝、踝关节，以及连接上下肢躯干的腰椎等，在剧烈的运动中最容易损伤。练习跆拳道之前，应将这些关节作为重点，加以活动激活，防止损伤发生。关节、肌肉、韧带与机械一样，只有在达到一定的温度和润滑度后，才能发挥效能，减少损伤。做准备活动就是将主要人体肌肉群、关节、韧带充分活动开，特别要加强踝、腕、膝、脊椎等脆弱关节和肌肉群练习,防止关节脱臼、断裂、筋肉交错,手脚麻木,动作僵硬等伤害事故发生。

(二) 心理（精神）准备

准备活动,首先应该是心理、精神上的准备：为什么要练习跆拳道？如何全身心投入训练？精神上全神贯注,让人体进入兴奋状态,充满激情去训练,就能收到事半功倍的效果。

(三) 生理（体能）准备

跆拳道运动要求极大地调动人体的肌肉力量。人体的体能调动,即肌肉运动,主要通过生化过程完成。爆发运动由三磷酸腺苷供能,短时运动则由磷酸酯转化供能,长时运动则依靠体内糖分酵解供能或脂肪转化。而这些都需要一定时间准备,并且都离不开神经系统的控制。

二、准备活动注意事项

许多跆拳道教练员都相信,练习者通过准备活动,能够使一些技术动作达到完美的程度,乃至灵活的控制；在准备活动前,可以慢速跑,有时也可轻松加速跑。在不间断的跑动过程中可穿插跳跃、转体等身体动作；准备活动的时间应根据练习者的训练水平调整,在炎热的夏天准备活动的时间可以适当缩短,在寒冷的冬天则要适度延长。无计划、无规律的准备活动不仅会浪费体力,训练的效果也差。

第一,准备活动的强度、数量必须足以提高身体温度,使身体出汗,但不能过急过猛,否则将会导致人体局部疲劳、喘气。

第二,准备活动必须含有一些强度相对小的肢体旋转、跳跃、屈伸动作,与节律轻快、幅度较大的动作交替进行,刺激肌肉。

第三,准备活动还必须包括与跆拳道技术相似的动作,最好选择正式训练时经常使用的肌肉群,这有助于对技术动作进行预热,并能增进训练质量。

第四,准备活动在正式训练前3~5分钟,就应该逐步减轻、放慢,从而使疲劳得以暂时消除,迅速过渡到正式的训练。

第二节　关节活动操

在跑步前或运动量较大的专项练习前，一般要先做几节关节活动操，可以预防关节损伤。下面介绍几种常规的关节活动操：

1.头部活动

练习者两脚开立，双手叉腰，低头、仰头，分别向左右侧头，最后是头分别由左向右或由右向左绕环。

2.肩部活动

练习者两脚开立，上体向前微俯，两手分别放于两膝处，上体右肩扭腰前压，左右肩依次交替。

3.体转运动

练习者两臂前举，两手交叉、手掌上翻向上伸展，交叉贴紧，两臂同时先朝左方向转体，随即向异侧方向转动。

4.腹背运动

练习者双脚并拢，两手交叉上举，随后弯腰下压，双手尽量往脚面或地面接触，贴靠后，定住数秒。

5.髋关节活动

练习者自然开立，提起一膝，以髋关节为点，由内往外，

半弧轨迹转动。

6.弓步压腿

练习者以弓步站立，两手放于前腿膝盖处，随即以髋部为中心上下压振，左右弓步交替进行。

7.仆步压腿

练习者右仆步准备，两手放于脚背或放于两膝处，而后身体朝左侧移动，成左仆步。如此，左右仆步交替进行。

8.膝关节活动

练习者双脚并拢，屈膝半蹲，双手放于膝关节，随后以两脚跟为轴，绕膝顺、逆时针依次旋转。

9.腕踝关节活动

练习者腕关节与膝关节同时做绕环运动。

第三章

跆拳道基本技术

第一节 竞技跆拳道技术

竞技跆拳道基本技术可归纳为"八腿一拳"。本节主要介绍竞技跆拳道的手法、实战姿势、正拳击打法，竞技跆拳道的步法、竞技跆拳道的踢法技术，以及竞技跆拳道战术等。通过本节的学习，可以提高练习者对跆拳道拳腿技术的理解，提升练习者跆拳道实战技术水平和防身自卫能力。

一、竞技跆拳道的实战姿势

拳头是人与生俱来最基本的攻击武器。当人在愤怒或表达决心时自然会握起拳头显示出身体和精神力量。在竞技跆拳道中，手法主要有正拳（也称平冲拳或直拳），在品势中则有正拳、锤拳等。

（一）竞技跆拳道的手法

在竞技跆拳道中，拳头攻击是最常用的手段之一，拳头的表现主要为正拳。正拳的握法：四指并拢握拳，拇指紧扣食指和中指的第二指关节，要求拳握紧、拳面平、直腕。

（二）竞技跆拳道的实战姿势

实战姿势是指在实战对抗或者比赛中的姿势，是一切攻击技术的起点。有些跆拳道选手出于技战术的考虑而采取独特的姿势；不管姿势如何，重要的是看他们在对抗中的实际水平发挥。实战姿势受跆拳道选手的身高、体形、技术风格与比赛经验影响，在应急情况下，要因地制宜地变化实战姿势。

1.动作说明（以右势为例）：两脚前后开立与肩同宽，横向距离相距一个脚掌，脚尖30°斜向右方，后脚跟抬起，膝关节微屈，重心落在两脚中间；上体自然直立侧对对手，双手握拳，拳心相对，两臂弯曲置于胸前；头部直立向前，目视正前方。

2.动作要领：身体自然，肌肉放松；两膝关节松而不懈，富有弹性；心无杂念，化无意为有意。

3.易犯错误：肌肉僵硬，全身紧张；重心偏前或偏后，不利于起动；膝关节不弯曲，缺乏弹性；身体完全侧向，前后脚在一条直线上。

4.纠正方法：站到镜子前，检查实战的基本姿势是否正确，最好验证一下，两脚有没有放置于正确、合理的位置上，否则就会妨碍步法的移动。

5.与对手的站位方式，主要有开式与闭式。

6.运用指导：侧对对手，两肘自然下垂内夹，双拳指向对手，保持指关节对着对手的鼻子。在对抗实战中，实战姿势的拳或者手的位置可以进行一些变化，这不仅对进攻有利，而且对防守时的格挡会有较好的效果。

（三）竞技跆拳道正拳击打技术

正拳击打技术是竞技跆拳道中的常见技术。

1.动作说明：左实战姿势站立，右脚蹬地髋向左旋转，双手握拳，上身向左旋转，顺肩、拳以正面向前击出，力达拳面，击打后还原成防守实战姿势。

2.动作要领：判断准确，出拳果断；充分利用蹬地、转髋、转腰、顺肩的合力；击打时肩、肘、腕、指各关节紧张用力。

3.易犯错误：只用手臂的力量去击打，而不利用身体旋转的合力去击打；缺乏击打力度、效果。

4.纠正方法：实战姿势站立，身体放松，先做慢动作，逐步加快动作。多练习形成正确动作的动力定型。

5.拿靶方法：握靶柄的前端，靶柄、靶前边缘与水平面垂直，靶面微往内侧倾斜。

6.实战运用：直拳是跆拳道实战中最基本且重要的技术，适用于击打对手躯干和防守反击。

二、竞技跆拳道的步法与踢法

(一) 竞技跆拳道步法

跆拳道技术的实战运用,无不通过各种步法的组合而得以实现。步法是保持重心平衡,体现出练习者力度、刚猛和坚强自信的外在形式。在训练之初,先把步法单一分解练习,熟练以后再把它们结合起来。

运用步法的目的是调整距离,抓住战机或躲避对手进攻,步法的组合应相机而动,化为进攻、防守、反击进攻的有机连接技术。

1.弹跳步:左实战基本姿势站立,身体放松,两脚向下蹬地,脚跟离地,上下弹跳。

2.跳换步:左实战基本姿势站立,两脚同时用力向下蹬地,左右脚同时前后交换、落地,变成右实战姿势。

3.上步:左实战姿势站立,后脚蹬地向前上一步,成为右实战姿势。

4.撤步:左实战姿势站立,前脚蹬地向后撤一步,成为右实战姿势。

5.前进步:由基本左实战姿势开始,先将左脚向前滑进一步,右脚随即跟进,两脚仍保持原来的部位与距离。

6.后退步：由基本右实战姿势开始，左脚蹬地，右脚向后退步，左脚随即跟进，两脚保持原来的基本姿势和距离。

7.前滑步：左实战姿势站立，两脚同时蹬地向前滑进一步，两脚仍保持原来的部位与距离。

8.后滑步：左实战姿势站立，两脚同时蹬地向后滑一步，两脚仍保持原来的部位与距离。

9.前交叉步：左实战姿势站立，右脚向前交叉，落于左脚前，同时左脚立即跟上，即两脚先后向前交叉走一步，保持左实战基本姿势站立。

10.后交叉步：左实战姿势站立，左脚向后交叉迈步，右脚跟上，保持左实战姿势。

11.左移步：左实战姿势站立，右脚蹬地，重心左移，左脚向左跨出一小步，随后右脚向左方向跨出同样距离，保持左实战姿势。

12.右移步：左实战姿势站立，左脚蹬地，重心右移，右脚向右跨出一小步，随后左脚向右方向跨出同样距离，保持左实战姿势。

13.垫步：左实战姿势站立，随后右脚向前脚靠上一大步，同时左脚提膝。

（二）竞技跆拳道的踢法技术

跆拳道以其变幻莫测、优美潇洒的腿法著称于世，被世人称为"踢的艺术"。竞技跆拳道的腿法讲究快速灵活、变化多样。

1. 正面踢法

正面踢法主要分为前踢、推踢、下劈踢。

（1）前踢

动作说明：右脚蹬地屈膝提起，大小腿折叠，送髋、顶髋，小腿快速向前踢出并迅速放松弹回，回实战势。

动作要领：膝关节夹紧，小腿放松，有弹性；髋往前送，高踢时髋往上送；小腿回收与前踢的速度一样快。

易犯错误：直腿踢；小腿、大腿不折叠，膝关节不夹紧；顺髋、转髋。

纠正方法：采用坐姿弹踢或扶墙弹踢练习；多做弹腿练习，提膝时大小腿应充分折叠夹紧。

拿靶方法：握靶柄的前端部位，靶面分别在水平位置，靶柄后端与靶前边缘在拿靶人的左、右方。

实战运用：此技法主要攻击部位有面部、下颌、腹部、裆部。前踢亦可用于防守。将前踢发力部位由脚尖改换为脚跟时，前踢动作就变为前蹬动作，动作方法要点相同，只是脚的姿势发生了变化。前踢主要是辅助性的练习腿法，但在自卫中，可踢击对手裆部、下颌，达到出奇制胜的效果。

(2) 推踢

动作说明：右脚蹬地屈膝提起，左脚以脚掌为轴外旋转180°，重心向前压；右脚向前方直线踢出，力点在脚掌，重心向前落下。

动作要领：提膝后尽量收紧；重心往前移；推的时候腿往前伸展、送髋；推的路线水平向前。

易犯错误：收腿不紧，直腿起，容易被阻截；上身太直重心往下落，腿不能水平前推；上身过于后仰，重心不能前移，不利于衔接下一个技术动作。

纠正方法：多做扶墙蹬踢动作练习，练习时提膝蹬腿要连贯，朝前上方直线蹬出。

拿靶方法：两手握靶柄的中间，靶柄、靶前边缘与水平面垂直，靶面正对踢靶人。

实战运用：推踢一般用于阻击、截、封对方的起腿，破坏对方平衡，但有力的推踢，将使对方重心摇晃或失去平衡而摔倒。

(3) 下劈踢

动作说明：左实战姿势站立，右脚蹬地起动，重心稍前移，尽量上举至头部上方，放松下落，以脚掌击打目标，轻落地。

动作要领：脚尽量往高、往后举，重心往高起；落地有控制；起脚要快速、果断；踝关节放松。

易犯错误：起脚不够高，不够充分，重心不往高起；踝关节紧张，往下压太用力；重心控制、腿控制不好，落地太重；上体过于后仰，随重心一起前移，保持直立。

纠正方法：多练习前后摆腿；反复做正上踢，收腿时脚掌做下压动作，力达前脚掌。

拿靶方法：靶柄向正上方，靶前边缘向下方，与水平面垂直。

实战运用：正劈腿用于攻击对手的正面部位，是跆拳道技术中重要的进攻手段之一，击打部位主要是头部和面部。

2.侧面踢法

侧面踢法主要有三种：横踢、侧踢、前旋踢。

（1）横踢

动作说明：左实战姿势站立，右脚蹬地，膝关节夹紧向前起腿，左脚以脚掌为轴拧转180°，右腿膝关节向前抬至水平状态，小腿快速向前踢出，力达脚背。击打目标后迅速放松，收回小腿，重心前移落下。

动作要领：膝关节夹紧，向前提膝，尽量走直线；支撑脚外旋转180°；髋关节往前，身体与大小腿成直线；严格注意击打的力点在正脚背；踝关节放松，击打的感觉如"鞭梢"。

易犯错误：关节不夹紧，大小腿折叠不够；外摆的弧度太大；上身太直、太往前，重心往下落；踝关节不放松，脚内侧击打（应为正脚背）。

纠正方法：扶墙多做提膝转体展髋弹踢练习；练习中多注意脚跟要前转，侧身弹踢不要超过身体正中线。

拿靶方法：握靶柄的前端，靶柄与水平面呈15°～45°夹角，靶的两面在拿靶人的左、右，靶前边缘在斜上方。

实战运用：横踢也称为抡踢。在跆拳道实战中可根据与对手的对峙距离、攻击角度而产生距离各异的横踢技术，能屈伸有度、打高踢低，令对手防不胜防。

(2) 侧踢

动作说明：左实战姿势站立，右脚蹬地屈膝提起，左脚以脚掌为轴外旋转180°，右脚快速向右前方直线踢出，力点在脚跟，收腿、放松，重心向前落下。

动作要领：起腿后，大小腿、膝关节夹紧；头、肩、腰、髋、膝、腿、踝成一直线；大小腿直线踢出、直线收回。

易犯错误：小腿折叠不够；收髋、夹腿不成直线，伸展不够；缺乏弹性，不收腿。

纠正方法：侧卧于地做侧踢动作；扶墙做侧踢练习。

拿靶方法：握靶柄的前端，靶柄、靶前边缘与水平面垂直，靶面微往内侧倾斜。

实战运用：后腿侧踢动作是跆拳道实战中少见的腿法，但是具有相当大的攻击性，主要应配合步法进行攻击，击打部位有头部、胸部、腹部和肋部。

(3) 前旋踢（也称勾踢）

动作说明：右脚蹬地屈膝提起，左脚以脚掌为轴外旋转180°，右脚向左前方伸出，用力向右侧屈膝鞭打，重心向前落下。

动作要领：右脚应先向外有一定幅度的摆动；击打时小腿尽量横着鞭打；用脚掌的部位击打；调整好身体重心，髋部配合转动。

易犯错误：右腿没有一定幅度的摆动和横着鞭打；小腿过于紧张，没有用脚掌的部位击打；没有调整好身体重心，髋部没有配合转动。

纠正方法：扶墙多做侧踢回勾踢练习。

拿靶方法：握靶柄的前端，靶柄与水平面呈15°～45°夹角，靶的两面在拿靶人的左、右，靶前边缘在斜上方。

实战运用：前旋踢适用于踢击对手的面部，具有启动突然、快速的特点，是有效的反击攻击手段。

3.转身踢法

转身踢法主要有后踢、后旋踢两种方式。

(1) 后踢

动作说明：左实战姿势站立，左脚以脚掌为轴内旋约180°，上身旋转，重心前移至右脚，屈膝收腿，直线向后上方踢出，力达脚跟，踢击后重心前移落下。

动作要领：起腿后，上身与大小腿折叠成一团；向后用力延伸踢腿；转身、提腿、出腿一起一次性完成，不能停顿；击打目标在正前方稍偏右。

易犯错误：大小腿不折叠，直腿往上撩；转身、踢腿不连贯，脱节停顿；击打呈弧线，旋转发力（应为直线发力）；肩、上体跟着旋转。

纠正方法：双手扶住桌椅、人的双肩或扶横杆多做后踢练习，形成正确动作的动力定型；双膝跪地或双手扶地，屈膝贴胸，向后上方蹬出，力达脚跟，多体会后踢要领。

拿靶方法：双手握靶柄的前端，两个靶心紧贴，位置在胸线以下、腰带以上，靶在拿靶人的正前方。

实战运用：后踢在实战中对于进攻者具有一定的威胁作用，常用于反击，攻击目标主要是胸腹部和头部。

(2) 后旋踢

动作说明：左脚以脚掌为轴内旋约180°，上身旋转，重心前移至右脚，屈膝收腿，右腿向右后方伸出并用力向右屈膝鞭打，力达脚跟或整个脚掌，重心在原地旋转，放松，脚落下。

动作要领：转身、旋转、踢腿连贯，一气呵成，中间微有停顿；应在正前方，呈水平弧线；屈膝起腿的旋转速度更快；重心在原地旋转360°。

易犯错误：转身、踢腿中有停顿，二次发力；起腿太早，最高点不在正前方；上体过于往前、往侧、往下，失去平衡。

纠正方法：多做同时转头转身转脚练习，再做勾踢动作，最后把两个动作连贯起来练习，形成正确动作的动力定型；先练习低后旋踢，逐步提高后旋踢高度。

拿靶方法：双手握靶柄的前端，两个靶心紧贴，位置在头部高度，靶在拿靶人的正前方。

实战运用：后旋在实战中对于进攻者具有一定的威胁作用，常用于反击，攻击目标主要是头部。

4.踢法延伸技术

延伸技术是跆拳道踢法中常用的技术，主要包括360°横踢、双飞踢。

(1) 360°横踢

动作说明：右实战姿势站立，以左脚掌为轴脚后跟外旋，重心移到左脚；身体后转360°，右腿随后转动，右腿下落的同时左脚蹬地使用横踢；击打后两脚自然落下成右架。

动作要领：提起右腿向后转动以左腿前脚掌为轴，两大腿之间的距离不应过大；击打时左脚脚面要绷直，髋关节要放松；出左小腿后要有一个制动过程，使脚产生鞭打的效果。

易犯错误：身体重心没有跟上；左脚没有配合身体转动，左脚太死；左脚击打时脚面没有绷直。

纠正方法：多做转身上步横踢练习，最后把两个动作连贯起来练习，形成正确动作的动力定型；多提膝向后转身，提膝腿不落地，靠支撑腿起跳横踢练习。

拿靶方法：握靶柄的前端，靶柄与水平面呈15°～45°夹角，靶的两面在拿靶人的左、右，靶前边缘在斜上方。

实战运用：旋风踢是属于腾空转身性腿法，可以用于进攻，也可用于反击攻击目标。

(2) 双飞踢

动作说明：右实战姿势站立，重心移至左腿，提起右大腿使用横踢，然后在右脚未落下时立即提左腿使用横踢，也就是连续使用两个横踢。

动作要领：踢第一个横踢时，身体可稍后倾，以利于第二个横踢；两小腿交换髋部要快速扭转。

易犯错误：第一个横踢动作没有完全做出来；两腿交换之时，髋部扭转过慢；身体过仰。

纠正方法：先辅助做左右脚腾空踢膝动作，再由慢到快做完整动作；多练习一腿横踢后收腿屈膝不落地，靠支撑腿起跳横踢的动作。

拿靶方法：左右手各拿一个靶，握靶柄的前端，靶柄与水平面呈15°～45°夹角，靶的两面在拿靶人的左、右，靶前边缘在斜上方。

实战运用：双飞踢在国内外各类比赛中是最为常见的腿法，具有连续、快速的特点。双飞踢主要攻击对方的胸腹部、两肋部和面部。

三、竞技跆拳道战术训练

战术是指运动员在临场复杂多变的比赛中，根据比赛规则和各方面情况随机应变，有判断、有目的、有预见，决定自己对付对手的策略思维活动。所谓竞技跆拳道战术，简单地说就是跆拳道运动员的打法和策略。运动员在比赛中要充分了解战术本身的优、缺点和对方的适应情况，寻找符合自己特点并可以有效使用的战术,从而切实提高战术的质量。另外,运动员也应挖掘发展潜力大的战术,来不断地创新战术,形成自身优势战术。各种战术是互相矛盾相互克制的,正如每个进攻方法都有反攻方法一样。由于跆拳道比赛过程情况复杂、变化多端,对手多种多样,运动员应根据比赛中随时变化的情况,灵活机动地运用一种或多种战术,从而达到预期的比赛目的。

(一)竞技跆拳道比赛战术

跆拳道比赛战术可分为:进攻战术、反击战术、对峙调整战术、边角战术等。下面简单介绍几种竞技跆拳道比赛战术。

1.直接式进攻战术

直接式进攻战术指充分发挥自己的技术特长,使用确有把握的特长技术直接进攻对方。使用这种战术时,要主动创造条件,得到机会就用特长技术。另外,在处于被动地位时,也可使用特长技术。动作速度一定要快,要能及时抓住战机,形成一整套方法来对付对手的防守与反攻。

运用直接式进攻战术的较好时机有:

(1)当对手的反应速度、动作速度、位移速度没有自己快时;

(2)当对手的攻防动作不够熟练时;

（3）当对手的体力不足时；

（4）当对手的防守姿势出现空隙时；

（5）当与对手的距离能有效地使用进攻动作时。

2.压迫式强攻战术

压迫式强攻也称猛攻，是一种先发制人的主动进攻，是有计划有准备的战术行动。在比赛开始后就猛烈进攻，连续使用技术，出其不意、攻其不备，借以扰乱和破坏对方的心理平衡、战术准备和距离感，使对手忙于防守，疲于招架，消耗对手大量体力，在短时间内取得绝对胜利或是掌握场上主动权。

这种战术的优点是直接掌握主动权，迫使对手只能招架，没有反攻的机会。一般使用此种战术是为了试探对手，或比赛刚开始接触时就大致判断出对手技术、体力、经验等都不占优势，自己有获胜的把握，于是立即采取压迫式猛攻，以便在短时间内取得绝对胜利；若对手技术和战术较好，而体力较差，开始就猛攻，不让对手有休息及缓冲的机会，使对手一直处于被动；若对手经验不足，压迫式强攻就会使对手得不到镇定和思考的时间，处处被动。

使用这种战术的缺点是自身体力也消耗得较快，容易露出破绽，给对手以可乘之机。若对手经验比较丰富，则会开展反攻，或是用以逸待劳的战术克制自己。

运用压迫式强攻战术的较好时机有：

（1）即使总体水平不如对手，但力量、速度、耐力素质比较好时；

（2）身体素质好，技术比较全面，但比赛经验不如对手时；

（3）对手的近战能力比较差时；

（4）对手的耐力比较差时；

（5）对手的心理素质比较差时。

3.引诱式进攻战术

随着技术水平的提高，特别是当对手动作反应快、防守能力强时，直接进攻很容易被防守反击。经验较丰富的选手常常采用"声东击西"的战术，采用左右、前后、上下虚晃的动作及指上打下、指下打上、指左打右等假动作。为了引诱对手上当，也可以有意露出破绽，给对方进攻的假象，待他失去平衡时再进攻。目的在于转移、分散对方的注意力，促使对方对自己的虚假动作产生某种反应，而改变正拳的防守姿势，然后加以利用。

引诱式进攻战术是跆拳道比赛中最常用的基本战术之一。如用后旋踢攻击对方头部，可先用横踢假进攻后立即后撤，等对手追击时使用后旋踢动作。在跆拳道训练和比赛中，引诱式进攻可分为上下动作结合、左右动作结合、前后动作结合。

一般来说，对手体力好，但技术不太全面，方法变化少，战术不灵活，则可以有针对性地使用这种战术。在使用引诱进攻战术时，动作要快，快在对手前面，否则不易成功。

4.防守式反击战术

当对手正面猛烈进攻时，向前、后、左、右方向移动步子，既可以避其锋芒，又可以制造战机，还可乘对方进攻时，在防守的过程中反击对方。对手主动进攻时必然会改变原有姿势，身体的某些部位必定会产生防守空隙和薄弱环节，自己如能在防守的同时或之后立即反击对手，对手很难有效防守。如对方身高腿长占据优势，在其使用横踢时，自己用反击动作很难奏效，则可主动向前与对手贴在一起后再打近身战。移动步子时要注意抓住防守反击的时机，更要注意步法的灵活性和身体位移的突变性。当遇到性情急躁、缺乏比赛经验、喜欢猛攻猛打的对手时，可以反击战术为主，主动进攻为辅。以防守掩盖自己反击战术的意图，同时刺激对方，使其更加急躁，为反击创造条件。

5.克制对手长处的战术

每个运动员都有自己擅长的技术，如有的运动员擅长使用横踢进攻后用后踢反击，有的运动员擅长先用劈腿再使用后旋踢阻击。在比赛中运动员要能及时发现对方擅长使用的方法，然后及时调整自己的战术，采用相应的方法，抑制对方的技术专长，使其不能正常发挥。

（1）克制善于打贴身战的对手，可始终与其拉开距离，如用侧踢蹬击等技术。

（2）克制善于打远距离的对手，可使用躲闪战术与对方贴在一起后再使用战术，或是在第一次进攻击打后，乘双方距离比较近时打一次近攻。

（3）克制擅长主动进攻的对手，可采用自己先进攻，迫使对方防守的战术。

（4）克制擅长防守反击的对手，可引诱对方主动进攻，自己进攻时使用不易被反击的技术。

（5）克制擅长劈腿、后踢等技术的对手，在比赛中采用对应的克制技术，阻止对方擅长技术的发挥。

6.集中打击对方短处的战术

每个运动员都有自己的弱点和短处，有的防守能力差，有的不能很好地防守后旋踢，有的耐力差等。可以通过赛前分析对手以往比赛的录像，或是借助于对手同其他选手比赛时进行观察，而更重要的是在比赛中进行观察，从而发现对手的弱点。通过第一局的多次试探性进攻，对对手的弱点迅速作出判断，及时调整自己的战术手段，集中精力专门攻击对手的弱点。同时，自己也要不断地变换方法，以免对方察觉自己的战术意图后故意引诱进攻。

7.利用对方习惯性动作的进攻战术

许多运动员在比赛中都存在着一些无意识的习惯性动作，如在即将进攻前，习惯身体晃动几次；或者要后踢反击前，先向前进一步再后撤一步等。运动员要善于观察和及时捕捉这些战机，做好准备，一旦对方出现习惯性动作，立即发动进攻。

8.身体战术

(1) 体格战术。同样级别内，不同运动员有身材高矮和粗壮之分，可以利用身材高或矮、粗或壮的优势，抑制对手而取胜。

(2) 体力战术。一场跆拳道比赛共赛3局，每局2分钟，运动员体力消耗较大。采用体力战术，就是合理分配体力，每一局用多少体力要根据对手的情况来定。如果对手技术较弱，可以保持体力以技术取胜；如果对手技术好，可以采用消耗对手体力的打法取胜；如果对方实力相当，还应有打持久战的准备；如果知道对手的耐力较差，应打体力消耗战，连续进攻，不给对手喘息的机会，迫使对手体力迅速下降，以此取胜。

9.心理战术

比赛中威慑对手，用气势压倒对手，利用规则允许或基本允许的手段，干扰对方情绪，给对手造成心理负担，使对手技能战术发挥失常，挫伤对手的锐气，发挥自己的优势，在气势上战胜对手。

10.规则战术

（1）利用规则战术。在比赛中，有对攻击部位和攻击方法的限制，但也有规则限制模糊的地方，可以利用规则允许或基本允许使用的各种制胜办法攻击对手。比赛时，利用规则限制，给对手制造陷阱，迫使对手犯规而失分。

（2）优势战术。在比赛平分的情况下，利用规则允许的技术，靠主动进攻次数或使用高难技术而取胜。比赛规则中规定，在比赛平分的情况下，裁判员根据双方主动进攻的次数和使用高难技术的多少判定比赛结果，进攻次数或使用高难技术多的一方为胜方。

11.边界战术

这是利用跆拳道竞赛规则，逼迫对手出界的战术手段。一种方法是主动进攻，有目的地将对方逼迫到边线，造成对方心理恐慌和担心被罚而动作失调，或是多次将对方逼迫出界。如果自己被对方逼迫到边线，要及时贴身转动，使对方来不及调整而被迫出界。

（二）战术训练方法

一方面，在比赛环境中，运用战术的能力取决于运动员排除杂念、集中注意力的能力。没有这一先决条件，运动员就无法全神贯注地考虑战术行动。而另一方面，运动员必须非常熟练地掌握各种技术动作，要能做到在比赛时无须有意识地去考虑技术细节，接近或完全达到动作自如的程度。这就要求充分理解跆拳道战术的基本原理，在比赛环境中才能卓有成效地运用战术。另外还应循序渐进，进行战术训练时遵循从易到难的原则，即从已知到未知，在比赛环境中逐步做到充分运用所学战术。

1.实战演练

一旦运动员掌握了跆拳道技术，理解了战术原理，并且具备了运用战术的能力，就应开始进行实战演练。这种练习应分阶段进行，最后一个阶段的任务就是在比赛实战中运用所学战术。

（1）与一名消极对抗的对手练习。这是战术练习的第一阶段。由一名教练或同伴充当陪练对手（不进行激烈对抗），陪练者应为主要练习者提供运用战术的机会。

（2）与一名积极对抗的对手练习。陪练对手以事先商定好的风格和打法迎战，以便为主要练习者提供运用某一特定战术的机会。这种练习的对抗性较强,但仍未达到真正比赛中的对抗强度。

2.模拟比赛训练

在训练比赛中,运动员可以试用某一战术继而由教练员进行评价。这是战术训练中最关键的阶段,因为最初的几次尝试很有可能会以失败告终。教练员必须同运动员一起分析和讨论战术运用失败或成功的原因。也许,运动员的失败是由于未能在正确的时机和适宜的形势下运用该种战术,或者是由于技术上有弱点。遇到这种情况,就可能需要补课,重新进行前一阶段的练习。如果运动员在训练比赛中战术运用成功,教练员应指出并强调成功的原因,以期获得强化效果。

教练员应鼓励运动员在比赛中运用曾经获得过成功的战术。倘若碰到实力较弱的对手,运动员有理由相信自己会取得胜利,那么就应不失时机地在比赛中试用新的战术。成功会增强运动员的信心,教练员可以精心安排一些逐渐加大难度的比赛,以便使运动员在对手越来越强的情况下提高运用战术的能力。

3.运用战术能力训练

除在比赛中使用战术策略的能力外,还应让运动员练就一些其他有助于正确运用战术的技能。

(1)应变能力。当运动员掌握一特定的战术打法后,必须让他学会面对不同的对手灵活应用，以及该种战术打法的各种变化。这意味着要能够将相同的战术原理运用到不同的打法流派或战术安排中。

（2）观察与分析能力。如果一名跆拳道运动员打算自行决定运用某种战术，那么他必须首先学会观察比赛，还必须懂得辨别各种类型的打法。教练员可以通过赛后分析或对比赛影片和录像的分析来培养运动员的这种能力。教练员必须对运动员进行指导和训练，告诉他们需要注意观察什么和怎样采取行动。

（三）战术设计

理解能力强的运动员能够在教练员的协助下自己设计战术。但在很多情况下，战术是由教练员单独设计的。教练员设计战术时通常可依靠下列方法。

1. 经验法

教练员往往经验丰富，具备各种战术知识。但由于大多数运动项目都在不断地发展变化，教练员也必须不断更新知识，通晓自己所执教的项目的发展情况，设计出各种新的战术。

2. 观察法

作为一名教练员，应该尽可能地经常观摩最高水平的跆拳道比赛，认真观察优秀运动员的进攻和防守以及战术运用。如果没有可能亲临赛场观看最高水平的比赛，起码也应设法仔细观看比赛影片或录像。

3.统计法

对比赛进行统计分析可为战术设计提供有益指导。教练员可将比赛场地分为几个区域，然后分别统计对手在各个区域的得分。还可以统计对手使用某一特定打法的失误次数，或者测定对手完成一次战术行动所需要的时间。这类统计工作可以由教练员自己完成。

4.实验法

把经验法、观察法和统计法结合在一起，就可以构想出新的战术，但是真正运用于比赛前还应先进行实验。对于新设计的战术，可以在训练和友谊比赛中试用，也可以组织一些专门用以检验新战术效果的比赛。进行这类实验时，应该用审慎和挑剔的眼光进行观察和分析，以便根据实际效果对战术进行修改，决定取舍。

（四）训练指导

跆拳道是一种对运动员的反应要求很高的运动项目，它所要求的刺激—反应时间周期极为短促，这意味着跆拳道运动员必须以接近极限的速度对对手的行动作出反应。因此，在跆拳道比赛中，谁能控制战局的变化，迫使对手不得不跟着自己的行动作出反应，或者对可能出现的情况做好充分的准备，谁就会获得胜利。

1.重视基本技术训练

由于娴熟的技术（无须进行有意识的思考）是快速反应的基础，几个世纪以来，跆拳道教练员一直将技术作为训练的头等大事。尽管现代教练员非常重视其他方面的技能训练，但仍把基本技术看作掌握跆拳道技能的基本条件。

2.针对性训练

教练员在最初的技术动作和技术打法教学中就开始进行战术训练。运动员的每一种打法都会迫使对手做出相应的行动，即使是初学者也应懂得自己所采用的打法会招致对手的何种反应。这是战术训练的第一要素。只有当运动员能够不假思索熟练使用一种打法时，他才能把它作为一种战术手段运用于比赛。通常，只有当运动员经常被对方采用的特殊打法击中得分时，或者运动员经常在特殊的形式下失去得分机会时，他和他的教练才意识到需要进行针对性的战术训练。

3.训练内容从易到难

战术最基本的一条就是要有意识地使对手使用一般反攻，同时充分作好格挡和利用还击得分的准备。首先应进行格挡技术训练。接着就是在模拟比赛环境的实战练习中运用格挡技术，然后再加上能得分的还击。在练习的开始阶段由教练扮演对手角色，在这种水平的练习中，运动员应尽量引诱对手使用一般反攻技术。若引诱不成，起码也要保证自己不出现纰漏。此后，充当陪练的教练员一开始仍按预定方案配合练习，然后突然改变打法，以培养运动员随机应变的能力。

四、竞技跆拳道常见的辅助训练

通过一定的辅助训练，可以大大提高跆拳道竞技水平。

（一）组合踢法训练

跆拳道以变化多端的腿法著称于世，由于腿的打击距离远、隐蔽性好、攻击威力大，技术高超者能抢攻快发，连环出击，迅疾势猛，势不可挡，在发展过程中形成了自身组合腿法的技击技术。跆拳道腿法技术主要包括：横踢、下劈踢、双飞踢、后踢、后旋踢、侧踢、推踢、360º横踢等。它们之间的相生、相克、相化，可衍变出三千多种腿法。如今在实战比赛中，单一的攻击技术很难奏效，所以必须有良好的组合技术，根据实战中的不同距离、角度、得分部位，战术上指上打下、声东击西，才能让对手措手不及，防不胜防。在跆拳道比赛或实战中，常见的踢法有：步法和踢法的组合、两个踢法技术组合、多种踢法的组合等。练习者可根据自身技术特长，前后腿的组合习惯，选择练习。

1.步法与踢法组合

（1）上步+横踢：右脚上步成左实战势，紧接着快脚横踢。

（2）撤步+横踢：右脚撤步成左实战势，紧接着右脚快速横踢。

（3）后滑步+后横踢：双脚同时蹬地向后滑步，紧接着左脚快速横踢。

（4）垫步+横踢：左脚向前垫步，右脚快速横踢。

（5）垫步+侧踢：右脚向前垫步，左脚快速侧踢。

（6）交叉步+侧踢：右脚向后前方交叉垫步，左脚快速提膝侧踢。

（7）上步+下劈：右脚上步成左实战势，紧接着左脚快速下劈。

2.两个踢法技术组合

（1）前脚横踢+后脚高横踢：右脚横踢后形成右实战势，紧接着左脚快速横踢。

（2）横踢+下劈踢：右脚横踢后形成右实战势，紧接着左脚快速下劈踢。

（3）直拳+横踢：左实战势站立，左手下格挡，同时左脚快速横踢。

（4）横踢+后踢：右实战势站立，左脚横踢，右脚也连贯迅速后踢。

（5）横踢+双飞：右实战势站立，左脚先横踢，紧接着连贯双飞踢。

（6）下劈+双飞：右实战势站立，左脚先下劈，紧接着连贯双飞踢。

（7）横踢+360°横踢：右实战势站立，左脚先横踢，紧接着连贯做360°横踢。

（二）脚靶训练

脚靶用以磨炼运动员攻击的力度、速度与准确性及连续攻击能力。脚靶还可以使练习者逐步熟练动作之间的连接，懂得队友间要相互帮助及尊重，如教靶训练和实战等需要两个人配合训练，两个人要相互行鞠躬礼开始、相互行鞠躬礼结束，必须认真负责帮助队友做好每个动作（注：两人在交换脚靶或任何训练用品时要双手接送同时行鞠躬礼）。

1.跆拳道靶构造

跆拳道靶主要由靶心、靶身、靶边和靶柄四部分构成，是跆拳道训练的重要工具。

2. 拿靶方法

不同技术动作的练习采用不同的拿靶方法。踢靶时要踢靶的中心,也称靶心位置;拿靶时得拿靶柄的中间稍前端的部位。

3. 踢靶方法指导

(1) 踢靶的中心位置;

(2) 力量要击透靶面往后延伸;

(3) 拿靶时手不要太放松;

(4) 脚面或脚跟与靶面完全接触;

(5) 踢靶前全身要放松。

4. 固定靶训练

指两人相互拿固定靶训练各种踢法。

5. 喂靶训练

跆拳道训练非常重视并经常采用脚靶、护具的喂招练习,要求配合者手持脚靶给练习者喂靶,从而便于与实战结合起来。喂靶训练主要培养队友间的团结精神和良好情感,毕竟朋友是人生最大的财富。使用脚靶连续喂招的方法主要有左手旋踢—右手下劈踢。

6. 移动靶训练

移动靶训练是由教练员或同伴使用手靶、脚靶,及时给练习者靶位，练习者根据靶位及时作出反应的练习方法。

训练指导：这种练习方式可有效训练练习者的实战技能。运动员实战式站立，教练员用击拳或击靶等声音做信号，运动员听到信号马上出拳或出腿；或教练员持靶，运动员接所出靶位进行拳或腿的快速击打。

（三）沙袋训练

跆拳道是一项对抗性强的体育运动，其技术特点是依照比赛规则使用腿法，准确有力地击打对手有效部位得分，从而取得比赛胜利。

在训练中，常通过有计划、有步骤的击打沙袋的练习，提高跆拳道运动员的出腿速度、力量和击打准确度。沙袋训练不仅对改进、提高技术动作质量，掌握击打的时机和距离感，增强腿部力量，发展身体的灵敏性和协调性有良好的效果，而且可以培养练习者的吃苦精神和顽强意志。击打沙袋是跆拳道运动员一项必不可少的专门性练习，是每个跆拳道运动员都应重视的训练内容。

沙袋是用双层皮革或相似皮革材料，内芯充填粗沙，两层皮革间充填软鬃或海绵制作而成的，呈圆桶形。练习者可以根据自己的体重与身体形态、练习目的等选择大小合适的沙袋，将沙袋悬吊在空中进行击打练习。沙袋放置的高度可根据运动员身高自行调节，一般悬吊在以腿能轻松击打沙袋中间部位的高度为宜。

将沙袋贴墙架起或一人扶托另一人进行击打，这样可以避免沙袋被击摆荡，易于体会、掌握击打动作。沙袋练习最好是在教练员或同伴的指导帮助下进行，以便及时发现问题，分析动作，尽快掌握正确的技术动作。

踢打沙袋时，可在原地进行单个腿法的击打练习，也可在移动中进行腿法进攻步法的联合训练，如横踢、双飞、后踢、后旋等。还可在训练中采取进攻与防守动作相结合的方法，如迎击腿法，闪躲后的还击腿法以及真假、轻重腿法的结合。在比赛前如能了解对手，更可进行针对性进攻腿法的练习，提高技战术水平，以利在实战中应用。

初学者应在基本掌握腿法动作的基础上，再进行击打沙袋的练习。在击打沙袋的练习过程中，不断改进技术动作，否则容易形成错误动作，难以纠正。练习前一定要充分做好热身活动，尤其是脚趾、踝关节、膝关节、髋关节和腰部，以防受伤。在踢打沙袋时，先轻后重，最好是在做2~3组空击后，再进行击打练习。在踢中沙袋的瞬间，踝关节注意保持紧张状态。踝关节稍内扣保持脚背与尺骨在一条直线上，防止受伤，这一点尤其重要。踢击沙袋时始终要保持正确的实战姿势，击打后立即将腿收回，双手要做好对躯干的保护动作（各种腿法要交替进行），以形成良好的动作习惯。击打沙袋时精神要集中，要有实战观念，以沙袋为假想对手做到"无敌似有敌"。用脚背击打沙袋时，眼睛注意击打部位，做到出腿迅速、有力、准确，此时击打沙袋的声音清脆、短促，沙袋垂直颤动，否则就意味着发腿用力不合理。切忌出腿时推击沙袋。

下面简单介绍五种沙袋训练方法：

（1）推踢沙袋：测量好人的站位与沙袋的距离，左实战势站立，提膝推踢沙袋（可左右势交换推踢沙袋）。

（2）侧踢沙袋：测量好人的站位与沙袋的距离，左实战势站立，提膝侧踢沙袋（可左右势交换侧踢沙袋）。

（3）横踢沙袋：测量好人的站位与沙袋的距离，左实战势站立，横踢沙袋（可左右脚连贯组合踢击沙袋）。

（4）下劈踢沙袋：测量好人的站位与沙袋的距离，右实战势站立，下劈踢击沙袋（可左右势交换下劈踢击沙袋）。

（5）后踢沙袋：测量好人的站位与沙袋的距离，左实战势站立，转身右脚后踢击沙袋（可左右势交换后踢击沙袋）。

训练指导：沙袋在使用一段时间后，容易在经常击打的部位形成凹陷，练习时应注意避免击打在凹陷与平坦部位的交接处，该部位易于使脚背滚动，造成扭伤。初学者在击打沙袋练习时，应先进行单个腿法的练习，最好是从易于掌握的直腿腿法开始。然后再练习摆腿、勾腿腿法。在熟练掌握单个腿法的基础上，做各种腿法的穿插、组合、连续击打动作的练习。击打沙袋练习时，一定要注重动作的准确性，出腿的速度应先慢后快，重量应先轻后重，并且一定要结合步法进行击打，不能只注重腿法，而忽略步法和全身协调用力的技术要求。在练习击打沙袋的过程中，要不断摸索掌握沙袋被击后的颤动规律，注意出腿时用力的时间、距离和出腿时的角度，尤其在击打摆腿时更应如此，否则容易受伤。最后应有目的、有计划地进行击打练习，在练习前应安排击打内容组数、每组的时间以及要求，并要掌握出腿时的频率、轻重腿的节奏，应根据自身的技术特点、体力情况安排，以提高练习效果。

（四）条件实战训练

1.两人攻防练习

训练中可以相互交替进攻与防守反击，攻防练习一般是两人一组，在保持一定距离不接触的情况下，按照攻防的实战要求进行练习。开始可规定只做单招进攻，逐渐过渡到连招进攻；战术亦由单一逐渐过渡到组合。攻防练习可有效提高训练者对技术动作的控制和运用，培养攻防意识，提高战术素养，并且可以缓解甚至消除初学者的紧张心理，预防运动损伤的发生。常见的攻防练习主要有：

(1) 横踢进攻—撤步横踢反击；

(2) 横踢进攻—后踢迎击；

(3) 双飞进攻—下劈反击；

(4) 横踢进攻—后旋反击；

(5) 下劈进攻—双飞反击；

(6) 横踢进攻—旋风踢反击；

(7) 横踢进攻—直拳反击；

(8) 上步横踢—横踢迎击；

(9) 推踢进攻—双飞反击；

(10) 旋风踢进攻—横踢反击。

2.模拟实战

模拟实战是对跆拳道练习者基本技术、战术、耐力、心理及智能的综合考验，是检验跆拳道练习者平日训练效果的重要途径。古人云，"既得艺，必试敌，切不可以胜负为愧为奇"，不经实战犹如一个没下过水的游泳者在夸夸其谈。比赛场上，不仅限于技战术的交锋，更重要的是意志、赛风的较量。要想在比赛中战胜对手，就必须充分利用好自己的身体与精神，把自身掌握的技术行云流水般地发挥出来。常言道，"台上一分钟，台下十年功"，练习者遵循训练—实战—反思，再训练—再实战—再反思，在三者的循环反复中，逐渐形成个人的技战术，从而不断地提高自己的技艺水平。

第二节　跆拳道实战技术与战术

跆拳道实战比赛技术包括实战式、步法、防守法、拳法、腿法、组合技术等内容。跆拳道战术主要包括技术战术、心理战术、体能分配战术、规则战术、克制战术等。通过本节内容的学习，可以逐步掌握跆拳道实战技术和战术，为参加比赛和指导教学与比赛奠定基础。

一、跆拳道实战技术

跆拳道实战技术包括实战姿势、步法、格挡、闪躲、拳法和腿法。其中，拳法和腿法为得分技术，可以通过直接攻击对手而得到分数；实战姿势、步法、格挡和闪躲为非得分技术，不但可以为得分技术的使用创造条件，还可以限制对手得分技术的使用。跆拳道实战要求攻防兼备，两类技术在跆拳道比赛中同等重要。

（一）实战姿势

1.实战式

实战式是运动员准备攻击和防守时身体各部位的姿势。正确合理的实战式有利于攻防，有利于身体协调运动，做到快速反应和迅速起动。左脚在前的实战式称为左实战式，右脚在前的实战式称为右实战式。

（1）动作过程。两脚前后开立，距离略宽于肩。前脚内扣约45°，后脚外展约60°，前脚掌着地，脚跟提起，膝关节微屈内扣。身体重心垂线保持在两脚连线的中部位置。上体直立，含胸收腹，面部正对对手，眼睛注视对方头部，用余光观察其全身。肘部弯曲90°左右，双手握拳置于体前。

（2）动作要点。注意力集中，全身肌肉松紧适度，膝关节与踝关节保持弹性，随时能够迅速起动完成技术动作。实战式结合各种步法应用于实战对峙或移动变化中。

在比赛实战中，运动员的实战式有时会根据比赛情境和战术需要在基本实战式之上进行适当变化。这些变化主要通过适度改变身体倾斜角度、手臂的放置位置、两脚间距离、身体重心高低等体现出来。

2.站位

站位是实战双方的对峙形式。站位包括开式站位和闭式站位两种。选择站位形式主要取决于运动员的最优实战方式和战术需要两个因素。不同的站位将导致不同的技术使用策略，形成不同的实战感觉。由于站位是双方采用不同实战姿势对峙的结果，一个人只能选择和决定实战式，但不能决定站位，因此，运动员必须同时提高两种站位形式的实战能力。

(1) 开式站位。双方异侧脚在前的站位为开式站位。实战双方一个用左式，另一个用右式进行对峙。

(2) 闭式站位。双方同侧脚在前的站位为闭式站位。两个选手一个用左式（或右式），另一个也用左式（或右式），进行对峙。

(二) 步法

跆拳道步法是实战中根据对手的位置以及运动状态，通过两脚及躯体的协调配合，有目的地调整同对手的距离、方位的移动方法。熟练掌握跆拳道步法是跆拳道运动员比赛取胜的重要基础。

跆拳道的基本步法包括前进步、后退步、前滑步、后滑步、前交叉步、后交叉步、前垫步、后垫步、单跳步、上步、撤步、左弧形步、右弧形步、换跳步、后转身步、跳动步、并步等。

跆拳道步法具有以下四个作用：

控制距离与位置：通过前后、左右、弧线移动，获得有利的攻击位置或防守位置。

连接技术：移动的连续攻击之间有时需要调整与对方的距

离和角度，这时步法就起到了连接技术的作用。

防守：通过移动身体位置改变得分点与对方的距离或角度，使对方的攻击落空或不能准确击中。

干扰对方：比赛中进攻和反击往往要与步法配合，可以采用远近和角度的变化制造进攻或反击的假象，实施对对方的干扰和控制。

实战应用中，有时需要使用单个步法，有时需要把两个或多个步法连接起来。良好的步法可以让运动员更容易控制移动和攻击等战术行动。迅速敏捷、灵活精准、进退自如的步法，能够有效地控制实战距离，创造出更多得分机会。

1.前进步

（1）动作过程。以左实战式开始为例，双脚蹬地腾起前移一定距离，落地后保持左实战式。

（2）动作要点。双脚迅速蹬地，同时向前移动，脚掌微离地面。移动过程中两脚的距离不变，重心保持平稳。

2.后退步

（1）动作过程。以右实战式开始为例，双脚蹬地腾起后移一定距离，落地后保持右实战式。

（2）动作要点。双脚迅速蹬地，同时向后移动，脚掌微离地面。移动过程中两脚的距离不变，重心保持平稳。

3.前滑步

以左实战式开始为例,右脚蹬地,左脚向前滑动约一脚长距离后着地,右脚随即跟进相同的距离,成左实战式。

(1)动作过程。以左实战式开始为例,右脚蹬地,左脚向前滑动约一脚长距离后着地,右脚随即跟进相同的距离,成左实战式。

(2)动作要点。前脚前滑与后脚跟进要贴地而行,两脚的移动距离相同。两脚移动必须连贯、迅速,前滑距离要适宜,保持重心平稳。

4.后滑步

(1)动作过程。以右实战式开始为例,右脚蹬地,左脚向后滑动约一脚长距离后着地,右脚随即向后滑动同样距离,成右实战式。

(2)动作要点。后脚后滑与前脚后移要贴地而行,两脚的移动距离相同。两脚移动必须连贯、迅速,后滑距离要适宜,保持重心平稳。

5.上步

(1)动作过程。以左实战式开始为例,重心前移,以左脚掌为轴,右脚向前迈出一步,身体左转约180°,成右实战式。

(2)动作要点。上步幅度大小适中,动作轻快。上体与支撑脚同时转动，右脚靠近左腿内侧迈出。目光始终注视目标，重心保持平稳。

6.撤步

（1）动作过程。以右实战式开始为例，重心后移，以左脚掌为轴，右脚后撤一步，同时身体向右转动约180°，成左实战式。

（2）动作要点。撤步幅度大小适中，动作轻快。上体与支撑脚同时转动，右脚靠近左腿内侧后撤。目光始终注视目标，重心保持平稳。

7.前垫步

（1）动作过程。以左实战式开始为例，身体重心前移，双脚依次蹬地，身体腾空向前，右脚向左脚并拢，右脚落地的同时，左脚向前一步距离落地成左实战式。

（2）动作要点。右脚要快速前移，加速左脚向前移动。身体腾空不宜过高，整个动作要迅速连贯。移动距离要适当，距离的控制取决于双脚蹬地的力量、速度。

8.后垫步

（1）动作过程。以右实战式开始为例，身体重心后移，两脚蹬地，右脚向左脚并拢，身体腾空向后，右脚落地时，左脚向后一步距离落地成右实战式。

（2）动作要点。右脚要快速后移，身体腾空不宜过高，整个动作要迅速连贯。移动距离要适当，距离的控制取决于双脚蹬地的力量、速度。

9.单跳步

（1）动作过程。以左实战式开始为例，左腿提膝，同时右脚蹬地向前跳出约半步距离，两脚落地成左实战式。

（2）动作要点。左腿提膝的同时，右脚要迅速蹬地并向前跳动。

10.左侧移步

（1）动作过程。以左实战式开始为例，重心左移，同时左脚左移约一脚距离，随即右脚左移相同距离成左实战式。

（2）动作要点。重心与脚步的移动要协调一致，两脚移动要贴近地面，迅速完成。

11.右侧移步

（1）动作过程。以左实战式开始为例，重心右移，同时右脚右移约一脚距离，随即左脚右移相同距离成左实战式。

（2）动作要点。重心与脚步的移动要协调一致，两脚移动要贴近地面，迅速完成。

12.前交叉步

（1）动作过程。以左实战式开始为例，身体重心前移，右

脚经左腿前面向前交叉跨出一步落地，随即左脚向前迈出一步，成左实战式。

(2) 动作要点。两脚交叉移动要快速连贯，重心保持平稳，两眼注视目标。完成时控制好身体前冲的惯性。

13. 后交叉步

(1) 动作过程。以右实战式开始为例，身体重心后移，右脚经左腿后面向后交叉跨出落地，随即左脚向后退一步，成右实战式。

(2) 动作要点。两脚交叉移动要快速连贯，重心保持平稳，两眼注视目标。完成时控制好身体后冲的惯性。

14. 跳换步

(1) 动作过程。以左实战式开始为例，两脚蹬离地面，两脚在空中前后交换后落地，同时身体右转约180°成右实战式。

(2) 动作要点。两脚蹬地、前后交换和转身协调完成。重心起伏不宜过大，两眼注视目标。

15. 并步

(1) 动作过程。以左实战式开始为例，身体重心前移，右脚向前与左脚并拢。或者身体重心后移，前脚收回与后脚并拢。

(2) 动作要点。两脚迅速靠近并拢，重心平稳。

16.左弧形步

（1）动作过程。以左实战式开始为例，以左脚掌为轴，右脚向右前方弧形移动一步，同时身体左转90°左右，右脚落地成左实战式。

（2）动作要点。右脚移动与转体要协调配合，上体沿纵轴转动，目光随身体转动。

17.右弧形步

（1）动作过程。以左实战式开始为例，以左脚掌为轴，右脚向右后方弧形移动一步，同时身体右转90°左右，右脚落地成左实战式。

（2）动作要点。右脚移动与转体协调配合，上体沿纵轴转动，目光随身体转动。

18.后转身步

（1）动作过程。以左实战式开始为例，以左脚掌为轴，右脚沿着左腿内侧向后摆动，同时身体右后转180°左右，右脚落地成右实战式。

（2）动作要点。右腿后摆、头部后转与身体后转要协调配合，身体沿纵轴转动，整个转动要迅速连贯。

19.跳动步

（1）动作过程。以左实战式开始为例，保持实战式不变，通过踝关节和膝关节的屈伸使身体重心上下运动，双脚前脚掌不离开地面或稍离地面，在原地上下跳动。

（2）动作要点。上下跳动幅度和频率适当，保持对身体重心的控制，动作富有弹性，两眼注视对方。

（三）格挡

格挡作为跆拳道防守技术，是把手臂主动拦阻在对手的攻击路线上，使其脚或拳无法接触得分部位的方法。跆拳道比赛中常用的格挡有上格挡、侧上格挡、侧下格挡、前上格挡、前下格挡、侧平格挡。格挡包括单臂格挡和双臂格挡。

1.上格挡

（1）动作过程。以左实战式开始为例，左臂（或右臂，或双臂交叉）握拳（或张开手掌）上举，置于头部前上方。

（2）动作要点。格挡时手臂肌肉主动保持紧张状态，上臂与头部形成一定间隔，手臂位置恰当，目视对手。

左上格挡，防守由左上向下对头部的攻击。

右上格挡，防守由右上向下对头部的攻击。

交叉上格挡，防守由正面或侧面上方向下对头部的攻击。

2.侧上格挡

（1）动作过程。以左实战式开始为例，手握拳，左臂（或右臂）向上在头部侧面伸出，手臂微屈。左臂在头部左侧为左侧上格挡，右臂在头部右侧为右侧上格挡。

（2）动作要点。格挡时手臂肌肉主动保持紧张状态，拳握紧或手指保持紧张度张开，手臂置于头部侧面，与头部形成一定间隔。位置适当，目视对手。

左侧上格挡，防守对头部左侧的攻击。

右侧上格挡，防守对头部右侧的攻击。

3.侧下格挡

（1）动作过程。以左实战式开始为例，手握拳，左臂（或右臂）主动用力向下在体侧格挡。左臂在躯干左侧的格挡为左侧下格挡，右臂在躯干右侧的格挡为右侧下格挡。

（2）动作要点。手臂肌肉主动用力，拳握紧，手臂与身体形成一定间隔，手臂置于体侧，位置适当，目视对手。

4.前上格挡

（1）动作过程。以左实战式开始为例，手握拳，左臂（或右臂，或双臂）主动格置于面前。

（2）动作要点。手臂肌肉和拳紧张用力，护住面部与颈部，目视对方。

单臂前上格挡，防守对前面部的攻击。

双臂交叉前上格挡，防守对面部的攻击。

5.前下格挡

（1）动作过程。以左实战式开始为例，手握拳，左臂（或右臂，或双臂）主动格置于体前的胸腹部位。

（2）动作要点。手臂肌肉紧张用力，拳握紧，用手臂护住对方欲攻击的部位，目视对方。

左臂、右臂前下格挡，防守对躯干的直线攻击。

双臂交叉前下格挡，防守对躯干的直线攻击。

6.侧平格挡

（1）动作过程。以左实战式开始为例，手握拳，左臂（或右臂）横向主动格置于体侧。

（2）动作要点。手臂肌肉紧张用力，拳握紧，手臂在体侧近水平，主要用于近距离实战时挡住对方由下向上的腿法攻击。

左臂侧平格挡，挡住对手由下向上对头部的攻击。

右臂侧平格挡，挡住对手由下向上对头部的攻击。

（四）闪躲

闪躲属于跆拳道防守技术。在对手实施进攻时，通过身体的整体或局部移动改变与对手的有效攻击距离，变化得分点的位置，使对手攻击落空或无效。闪躲包括步法闪躲与身形闪躲。

1. 步法闪躲

步法闪躲特点是上体姿势保持不变，通过各种步法移动，躲避对手的攻击。包括向后移动、向前移动、侧向移动和向上跳起。

(1) 向后移动

①动作过程。在对方实施进攻时，使用向后移动步法与对手拉开距离，使得分点后移，让对方攻击技术落空。配合向后移动的步法有后退步、后撤步、后垫步、后交叉步、后滑步等。

②动作要点。向后移动时要根据对手攻击的距离长短，选择好移动时机，及时移动，撤出对手的攻击范围。闪躲的距离要恰当，远了不能及时反击，近了不易闪躲成功。处于边角位置时，向后移动要谨慎，防止不必要的出界犯规。

(2) 向前移动

①动作过程。使用向前移动的步法主动靠近对方，使得分部位前移，让对方不能有效击中得分部位。配合向前移动的步法有前进步、上步、前垫步、前交叉步、前滑步、单跳步等。

②动作要点。在向后闪躲空间不足，或来不及后撤时使用。向前闪躲是主动贴近对手，使得分点不受攻击，避免失分。向前贴靠对手要快速、及时，但要避免撞击对方。

(3) 侧向移动

①动作过程。使用侧向移动的步法变换位置，形成与对手的角度改变，使其攻击落空。配合侧向移动的步法有左侧移步、右侧移步、弧形步等。

②动作要点。侧向移动闪躲主要防守对手的直线或垂直方向攻击。移动要及时、快速完成。

(4) 向上跳起

①动作过程。原地向上跳起，使得分部位上移，使其攻击技术无效。

②动作要点。跳起及时，高度恰当，快速完成。向上闪躲的不足是下肢容易受到攻击。

2.身形闪躲

身形闪躲是通过身体姿势的变化，避开对手攻击的防守方法。跆拳道比赛中，身形闪躲主要是利用身体的倾斜或下潜进行闪躲防守。

(1) 向后闪躲

①动作过程。从实战式开始，上体主动后仰，随即恢复成实战姿势。

②动作要点。两腿做好支撑，身形闪避及时，幅度适当，目视对手。有时也结合身体以及头部的动作协调完成。

(2) 左右侧闪

①动作方法。从实战式开始，上体向左（或右）主动倾斜，然后恢复成实战姿势。

②动作要点。两腿做好支撑，身形倾斜避让及时，幅度适当，目视对手。有时也结合身体及头部的动作协调完成。

(五) 拳法

拳法是跆拳道竞技比赛的攻击技法之一，包括前手直拳和后手直拳，适合在近距离使用。《跆拳道竞赛规则》规定，拳法只能攻击对手躯干被护具包裹的得分部位，得分分值为1分。无论使用普通护具还是电子护具，拳的攻击是否得分，由边裁判根据规则规定的得分准确与力度标准进行判定。

1.前手直拳

(1) 动作过程。以左实战式开始为例，右脚蹬地，腰部右转发力，左肩部主动前送，左手拳由胸部高度内旋向前冲拳。发力后原路收回成左实战式。

(2) 动作要点。蹬地、转腰、送肩、冲拳协调一致，快打快收还原成实战式。目视对手，冲拳时手腕挺直，力达拳峰。右手做好防守与配合。

(3) 应用范例。双方闭式对峙，对手使用左腿前横踢进攻躯干得分点，左臂下格挡，同时用前手直拳反击对手躯干部位。

2.后手直拳

（1）动作过程。以右实战式开始为例，左脚蹬地，腰部右转，左肩前送，同时左手由胸部高度内旋向前冲拳，发力后原路收回成右实战式。

（2）动作要点。蹬地、转腰、送肩、冲拳协调一致，快打快收还原成实战式。目视对手，冲拳时手腕挺直，力达拳峰。右手做好防守与配合。

（3）应用范例。双方开式对峙，使用后手拳攻击对手胸前得分部位。

（六）腿法

腿法是跆拳道竞技比赛的主要攻击技法。常用的腿法包括前踢、侧踢、后踢、下劈踢、横踢、勾踢、后旋踢、双飞踢、旋风踢等，按照腿法动作攻击方位可分为纵向腿法、横向腿法和竖向腿法。比赛中腿法可以攻击躯干和头部。一般攻击躯干得分分值为1分，旋转踢攻击躯干得分分值为2分。一般攻击头部得分分值为3分，旋转踢攻击头部得分分值为4分。使用普通护具时腿法攻击得分与否由边裁判判定，使用电子护具时，腿法攻击头部得分由边裁判判定。

1. 前踢

前踢是向身体前方攻击的腿法，也称推踢。在品势练习中需脚趾翘起，用前脚掌向身体前方踢击目标。实战比赛中使用整个脚掌接触目标。

（1）动作过程。以右实战式开始，左脚蹬地，身体重心前移，面向攻击目标，右腿以前脚掌着地蹬直，左腿向胸腹前方提膝，左脚尖勾起，大小腿折叠，紧接着髋关节前送，左膝关节伸开，脚尖向上向前踢出，随即收脚落地成左实战式。

（2）动作要点。快速蹬地起动，膝关节迅速向前上提起，踢击、回收动作要连贯协调，力达脚掌，双臂协调配合，眼睛注视目标。

（3）应用范例。闭式进攻：双方闭式对峙，使用前踢进攻对手。开式进攻：双方开式对峙，使用后腿前踢进攻对手。

2. 侧踢

侧踢是身体侧对对手的直线攻击腿法，使用脚掌接触目标。

（1）动作过程。以右实战式开始为例，身体重心前移，以右前脚掌为轴右转180°，同时左腿屈膝勾脚向体前上提，紧接着左脚内侧向下，向身体侧方踢出，然后屈膝收回成左实战式。

（2）动作要点。蹬地、转体、提膝、踢击、收脚整个过程要连贯协调，快速顺畅。前脚掌支撑身体转动，展髋收臀，直线攻击，力达脚掌。双臂协调配合，眼睛注视目标。

（3）应用范例。双方闭式对峙，使用前腿侧踢进攻对手。双方闭式对峙，使用前腿侧踢迎击对手。

3.后踢

后踢是背向对手直线攻击的腿法，使用脚掌接触目标。

（1）动作过程。以右实战式开始为例，重心前移，同时以右前脚掌为轴内扣，头部与身体向左后转约90°，上体制动。左腿沿右腿内侧折叠，勾左脚向后提起直线踢出，随即收左脚落地成左实战式。

（2）动作要点。右脚跟对准目标方向，沿纵轴快速转体，及时制动，眼睛注视目标。发力时含胸收腹，两臂收拢。收腿、折叠、踢击要锁定目标，保证直线，快速连贯，力达脚掌。

（3）应用范例。双方闭式对峙，使用后踢进攻对手躯干。双方开式对峙，使用腾空后踢反击对手躯干。

4.下劈踢

下劈踢是由上向下攻击的腿法，攻击路线呈弧线，用脚掌或脚跟接触目标。

（1）动作过程。以右实战式开始为例，身体重心前移，右脚提踵右腿撑直，同时左腿经右腿内侧向前上屈膝提起，随即伸直将左脚摆至头部上方，紧接着左大腿带动小腿，向前下方踢击，随之左腿下落成左实战式。

（2）动作要点。右腿屈膝折叠快速上摆，上体正直，目视前方。右腿至头部高度向下时速度最快。动作过程中要求全身协调用力。

（3）应用范例。双方闭式对峙，使用前脚下劈踢攻击对手头部。双方开式对峙，使用后脚下劈踢攻击对手头部。

5.横踢

横踢是从侧面攻击目标的腿法，攻击路线呈一定弧形的曲线，使用脚背接触目标。

（1）动作过程。以右实战式开始为例，左脚蹬地，身体重心前移，上体以右脚前脚掌为轴右转，同时左腿屈膝提起，大小腿折叠，随之左脚面绷直，由左向右水平踢击，随即左腿屈膝收回落地成左实战式。

（2）动作要点。蹬地、转体、提膝、踢击、收脚整个过程要连贯协调，快速顺畅。支撑脚转动要与身体的转动协调一致。踢击时力达脚背。双臂协调配合，眼睛注视目标。

（3）应用范例。双方闭式对峙，使用后横踢反击对手的躯干。双方开式对峙，使用后横踢直接进攻对手躯干。

6.勾踢

勾踢是从侧面攻击目标的腿法，攻击路线呈一定弧形的曲线，使用脚掌接触目标。

（1）动作过程。以左实战式开始为例，右脚蹬地，身体重心前移，以左脚前脚掌为轴左转180°，同时右腿屈膝提起，大小腿折叠向身体左前方上摆，随之右腿伸直，由左向右水平勾回，随即右腿落地成右实战式。

（2）动作要点。控制好身体转动角度。大腿带动小腿回勾发力，力达脚掌。双臂协调配合，眼睛注视目标。

（3）应用范例。双方闭式对峙，使用后脚勾踢攻击对手头部。

7.后旋踢

后旋踢属于后转身攻击目标侧面的腿法，攻击路线呈弧形，使用脚掌或脚跟接触目标。

（1）动作过程。以右实战式开始为例，左脚蹬地，重心稍前移，以右前脚掌为轴，头部与上体向左后转动，两眼注视目标。紧接着屈左膝向侧后方摆动，至接近目标时，左膝伸直，腰部和左腿主动用力水平摆动，随即左腿收回，身体继续转动至开始方向，左腿落地成右实战式。

（2）动作要点。转头带动身体沿纵轴转动，转头后注视对手。蹬地、转身、摆腿、踢击要协调连贯，快速完成，腰部带动大腿，大腿带动小腿，使右腿踢击目标时形成水平方向的鞭打力。摆腿发力后迅速成实战姿势。

（3）应用范例。双方开式对峙，使用后旋踢反击对手的头部。

8.双飞踢

双飞踢是在腾空状态下完成两个左右横踢的腿法，分别攻击目标的左右两侧，用脚背接触目标。

（1）动作过程。以左实战式开始为例，身体重心前移，右腿向前横踢，紧接着左脚蹬地跳起，右腿屈膝下落，左腿在空中完成横踢，随即右脚落地，左腿收回落地成左实战式。

（2）动作要点。跳起不宜过高，通过蹬地和腰部快速转动，带动两腿迅速完成两次横踢。眼睛注视目标，两臂协调配合，上体可适当倾斜。

（3）应用范例。双方闭式对峙，使用双飞踢攻击对手躯干。双方开式对峙，使用双飞踢攻击对手头部。

9.旋风踢

旋风踢即转身360°横踢，在身体旋转腾空的状态下完成横踢。用于攻击目标侧面，脚背接触目标。

（1）动作过程。以左实战式开始为例，右脚蹬地重心前移，以左前脚掌为轴身体右转，右腿后摆，当身体腾空面向攻击目标瞬间，左腿向目标横踢，右脚、左脚依次落地，恢复成左实战式。

（2）动作要点。转体与换踢两个环节要连贯顺畅。沿身体纵轴转体，当身体面向目标时右腿、左腿迅速在空中交换，右腿落地前左腿完成横踢。头部快转注视目标，上体正直，全身动作协调连贯。

（3）应用范例。双方闭式对峙，使用旋风踢攻击对手躯干。

（七）组合技术

跆拳道比赛实战中，运动员需要根据自己和对手的情况采用恰当的技术去赢得优势。这种优势的获得往往需要把跆拳道基本技术组合起来使用，这就形成了跆拳道组合技术。跆拳道技术组合的素材为跆拳道的基本技术，包括实战式、步法、拳法、腿法、格挡、闪躲等。跆拳道大多数基本技术都可以进行相互组合。跆拳道可以衍生出成千上万个不同的技术组合。但在跆拳道教学、训练和比赛中，一些基本的、成功率高的组合技术往往会受到重视并且应用较多。组合技术动作质量越高、越熟练，掌握的组合技术越多，越有利于实战以及新组合技术的学习。

实战中的技术组合要根据比赛的具体情况加以运用，往往具有不确定性和随机性。实战中往往需要几个技术的同时协同才能化解复杂局面,这就产生了多个技术的叠加效应,如在进行腿法攻击的同时还要格挡对手的攻击,步法移动加上身形闪躲才能进行彻底防守等。实战中的连击策略的实施基础就是运动员需掌握良好的组合技术。

跆拳道组合技术可分为顺接式组合技术和叠加式组合技术。顺接式组合技术为两个或两个以上的技术在相连的两个或两个以上的瞬间分别连续完成,技术的完成存在先后顺序,依次进行。叠加式组合技术为两个或两个以上技术在一个瞬间同时进行,无先后顺序。叠加式组合同样可以作为顺接式组合的构成技术。

1.组合技术的构成

跆拳道组合技术的构成,在比赛和练习中表现形式多样,可以是单类技术构成的组合,如步法组合、拳法组合、腿法组合、格挡组合等,也可以是多类技术构成的组合,如拳法腿法组合、步法腿法格挡组合、多种技术的随机组合等。

跆拳道以腿法得分为主,腿法组合是跆拳道的特色之一。两个或两个以上腿法依次完成就形成了组合腿法。组合腿法是跆拳道教学训练的重要内容之一。下面列举常用的15个组合腿法供练习者学习和训练参考选用。

(1) 横踢+后踢；

(2) 横踢+下劈踢；

(3) 横踢+横踢；

(4) 横踢+后旋踢；

(5) 横踢+旋风踢；

(6) 横踢+双飞踢；

(7) 前踢+横踢；

(8) 腾空后踢+下劈踢；

(9) 前踢+下劈踢；

(10) 腾空后旋踢+腾空后旋踢；

(11) 双飞踢+横踢+双飞踢；

(12) 横踢+双飞踢+侧踢+下劈踢+旋风踢；

(13) 前踢+横踢+双飞踢；

(14) 横踢+旋风踢+后踢（或后旋踢）；

(15) 前踢+双飞踢+后旋踢。

2.组合技术的应用

跆拳道实战比赛的组合技术以腿法为核心要素，但腿法并不是跆拳道组合技术的全部内容，对此练习者要有清醒的认识。下面通过比赛实例来分析组合技术的应用情况。

(1) 实战组合一。格挡+后手拳+横踢。该组合为防守反击组合。

（2）实战组合二。格挡+后手拳+横踢击头。该组合为防守反击组合。

（3）实战组合三。左手侧平格挡同时内摆踢击头（叠加组合）+跳起防守。该组合为迎击性组合。

（4）实战组合四。横踢进攻+下劈踢击头迎击。该组合为进攻迎击性组合。

（5）实战组合五。横踢攻击+格挡防守+步法+下劈踢。该组合为转换性组合。

（6）实战组合六。双方进攻+旋风踢+后旋踢。该组合为进攻性组合。

（7）实战组合七。内摆下劈踢+跳步靠近防守+右侧平格挡+横踢攻击。该组合为攻防转换性组合。

（8）实战组合八。横踢攻击+后滑步防守+横踢击头+靠近防守。该组合为攻防转换性组合。

二、跆拳道战术

跆拳道是格斗对抗体育项目，要想比赛获胜，不但需要和对手斗勇，更需要斗智。与对手斗勇斗智的过程就是跆拳道战术运用的过程。跆拳道战术包括技术战术、心理战术、体能分配战术、规则战术、克制战术和场地区域战术。针对对手的不同特点，合理选择和使用战术，可以在比赛中更加有效地显现自己的竞技实力。战术运用恰当，可以更有效地控制比赛局面，多得分少失分，最终获得比赛胜利。

（一）技术战术

跆拳道技术战术是指比赛中有效运用跆拳道技术的策略和行动方法。技术战术包括进攻战术、反击战术和防守战术。

技术是基础，跆拳道技术的质量决定技术战术的质量。跆拳道技术的多样性和复杂性，决定了跆拳道战术的多样性和复杂性。在比赛实践中，有时使用单一战术，有时综合交替使用两种或多种战术。运动员比赛中使用的核心战术，往往是围绕自己的特长技术而设计的。比赛中，要根据对方的实力情况、比赛时间和具体比分，灵活使用进攻战术、反击战术和防守战术，确保竞技能力的最佳发挥。

1.进攻

进攻是以我为主、先发制人的攻击。跆拳道的进攻战术包括直接攻击和间接攻击。一次完整的进攻由准备、攻击和结束三个环节构成。一次进攻可能是单次击打的攻击，也可能是多次击打的攻击。进攻战术的主要目的是得分，使用的手段包括步法、拳法和腿法。

（1）进攻战术的分类与要求

直接攻击。直接攻击战术，是指在了解对手技术、战术、体能、心理等特点的基础上，选择适当的时机和技术直接攻击对手。直接攻击可分为抢攻和强攻两种形式。抢攻是创造机会抢先攻击，特点为"快"，表现为"偷袭式"攻击。强攻是强行突破对手的防线进行攻击，特点为"猛"，表现为"拼打式"攻击。直接攻击是有计划有准备的战术行动，并不是不顾一切的死拼乱打，只有当发现或制造出使用直接攻击的条件时，才应该使用直接进攻。

间接攻击。间接攻击是指在跆拳道实战中，运用虚假动作，分散对手注意力或诱使对手产生错觉，在对手判断不准、犹豫不决时，进行真正的进攻。当对手反应快、防守能力和反击能力较强时，直接进攻容易遭到对手的反击，这时使用一定的手段和方法，转移、分散对手的注意力，使对手产生错觉，为自己创造更多的进攻条件。使对方上当产生错觉的方法是使用假动作。假动作是表现给对手的假象，主要内容为真正技术动作的一小部分，如腿法动作开始的手臂动作、起动时的身体转动等。假动作要与真动作结合使用，让对方难以判断真假和虚实。假动作只是手段，攻击才是目的。做假动作的同时要做好攻击对手破绽的准备，一旦假动作起到作用，就要快速、准确地实施攻击。

(2) 进攻战术实例

跆拳道进攻战术在比赛中有着广泛的应用，下面列举比较常用的进攻战术方法，其中有使用一次腿法进攻的例子，也有使用多次腿法进攻的例子。进攻战术一般需要依靠技术组合来完成，技术组合的主要内容包括步法和腿法。进攻战术的变化，依靠腿法和步法、排列顺序、攻击节奏以及腿法攻击目标的局部或整体变化来实现。

垫步前横踢进攻。双方闭式对峙，我方使用垫步前脚横踢进攻对方腹部。

上步横踢进攻。双方闭式对峙，我方上步接近对手，随后迅速后横踢攻击对方腹部。

跳换步后横踢进攻。双方闭式对峙，我方做跳换步，紧接着迅速用后横踢攻击对方。

前交叉步腾空侧踢进攻。双方闭式对峙，我方用前交叉步快速向前，紧接着迅速蹬地跳起用右腿侧踢攻击对方躯干。

垫步双飞踢进攻。双方开式对峙，我方垫步向前，随即用双飞踢快速攻击对方躯干两侧。

前交叉步横踢攻击。双方闭式对峙，我方用前交叉步接近对方，用右腿横踢攻击对方躯干。

上步后踢攻击。双方开式对峙，我方上步紧接着用后踢攻击对方。

前进步后横踢进攻。双方开式对峙，我方用前进步快速接近对方，随后迅速用后横踢攻击对方腹部。

跳下劈踢进攻。双方开式对峙，我方左腿前摆，右脚蹬地跳起，用右腿下劈踢攻击对方头部。

单跳步横踢进攻。双方开式对峙，我方用单跳步接近对方，随后迅速用后腿横踢攻击对方腹部。

中高变换击头。双方闭式对峙，我方用后腿攻击对方躯干，当对方注意力集中在左侧躯干时，我方右腿迅速改变攻击路线攻击对方头部空当。

左右横踢连击。双方闭式对峙，我方用垫步前横踢进攻对方腹部，紧接着左腿快速落地后迅速用右腿攻击对方头部。

推踢与横踢连续进攻。双方开式对峙，我方突然起动使用右腿推踢进攻对方躯干，随即迅速用左右横踢进攻失去重心的对方。

左腿两次横踢连击。双方开式对峙，我方迅速起动，用左脚横踢攻击对方躯干，然后迅速收脚落地，随即右脚上步再次用左脚横踢进攻对方。

横踢与旋风踢连击。双方开式对峙，我方迅速用后脚横踢进攻，发力后迅速收腿落地，紧接着用旋风踢继续攻击后退的对方。

2.反击

在对方进攻发起之后我方进行的攻击称为反击。反击是后发制人的攻击，一次反击行动由准备、防守、攻击、结束四个环节构成。跆拳道反击战术包括抢先反击（迎击）、同时反击、防后反击和引诱反击。一次反击可能采用单次击打的攻击，也可能采用多次击打的攻击。反击战术的目的是瓦解对手的进攻，同时去攻击对手的空当而得分，使用的技术手段包括防守法、拳法和腿法。无准备的反击是被动的，针对利用"圈套"与"陷阱"引诱和调动出来的进攻而实施的反击就是主动运用反击战术。

（1）反击战术的分类与要求

抢先反击。抢先反击亦称迎击，是在对方进攻起动的瞬间我方迅速进行的攻击。抢先反击是在对方向我方进攻靠近的过程中，进攻的攻击还没有形成或将要形成的瞬间完成的。它具有后发先至的特点。抢先反击一般是原地使用攻击技术。这种反击方式的主要环节包括准备、攻击、结束。使用抢先反击需要迅速准确的反应和干净利落的技术动作。对方真正的攻击刚一发动，我方攻击就要开始，否则就失去了战机。相对其他战术，抢先反击需要选手具有快速反应能力。抢先反击能够抑制对方的进攻，使对方难以形成完整的进攻，一旦成功，往往会取得较好的打击效果。

同时反击。同时反击是指边防守对方进攻边进行反击，我方的防守和攻击同时完成。防守环节和攻击环节叠加，但要承受对方的攻击。这种反击方式具有后发同至的特点。对方在攻击时往往防守能力较弱，同时反击容易奏效。

防后反击。防后反击指的是先防守对方的攻击然后再反击对方，在对方进攻结束瞬间我方开始进行攻击。防后反击具有后发后至的特点，包括准备、防守、攻击、结束四个环节，是最典型的反击。采用这种反击方法应注意：防守和反击要紧密相连，快速及时完成反击，避免对方逃跑或连击。

调动反击。调动反击是指使用佯攻手段把对方的攻击动作引诱出来，然后进行反击，俗称调打。调动反击属于折返式打法，先原地或向前移动，随之向后移动，最后向前攻击，包括准备（引诱）、防守、攻击、结束四个环节。这种反击主要用于克制反击型选手。

（2）反击战术实例

跆拳道反击战术在比赛中有着广泛的应用，下面列举比较常用的反击方法，其中有使用一次腿法反击的例子，也有使用多次腿法反击的例子。反击组合的主要内容包括假动作、步法、格挡、闪躲、拳法和腿法。反击战术的变化取决于构成反击组合的内容的变化。

后滑步后横踢击头。双方闭式对峙，对方使用后横踢攻击我方躯干，我方迅速用后滑步闪开，随即后横踢攻击对方头部。

前横踢迎击。双方闭式对峙，对方用交叉步向我方接近，在对方起动瞬间，我方迅速用前脚攻击对方头部。

后滑步双飞踢反击。双方闭式对峙，对方使用垫步前横踢向我方进攻，我方迅速后滑步闪开，随即用双飞踢攻击对方躯干。

后滑步两次横踢反击。双方开式对峙，对方使用后横踢攻击，我方迅速用后滑步闪开，随即用右脚横踢和左脚横踢连续攻击对方躯干。

假动作调动后横踢反击。双方开式对峙，我方使用原地跳换步造成后横踢攻击的假象，对方用后踢应对，我方闪开对方后踢攻击，随即迅速用后横踢攻击对方腹部。

后退步后旋踢反击。双方开式对峙，对方用垫步前横踢进攻，我方后退步闪开，当对方用后横踢继续进攻时，我方迅速使用后旋踢攻击对方头部。

前脚调动后横踢反击。双方闭式对峙,我方用原地垫步抬前脚,制造前脚攻击的假象,当对方用后横踢攻击时,我方迅速向后闪开,随即用后横踢攻击对方腹部。

后滑步后手拳接后横踢反击。双方闭式对峙,对方用前横踢进攻,我方后滑步闪开,当对方用后横踢继续攻击时,我方左手格挡,用手直拳攻击对方胸部,随即用后横踢攻击对方躯干。

后手拳迎击后腿下劈击头反击。双方闭式对峙,对方用后横踢进攻,我方迅速用左手格挡,同时用右手直拳攻击对方胸部,随即右腿上摆下劈踢击对方头部。

两次后滑步横踢反击。双方闭式对峙,对方用后横踢进攻,我方后滑步闪开,随即用后横踢反击对方腹部,对方用后脚横踢继续进攻,我方迅速后退,紧接着迅速用后横踢反击对方躯干。

撤步后横踢反击。双方开式对峙,对方后横踢攻击,我方右脚后撤同时转身闪开攻击,随即右脚迅速横踢攻击对方躯干。

贴靠后攻击。双方贴靠在一起,我方主动向后移动一步,紧接着迅速用右脚横踢攻击对方躯干部位。

3.防守战术

防守是为了避免自己得分部位受到攻击,防守战术是限制或瓦解对手进攻，保护自己得分，控制比赛节奏，消耗对手体力的计策与方法。防守战术包括相持、压制、迂回。其表现形式是守而不打。

防守战术的目的有三个：第一，使对方的进攻或反击失效，自己不失分，维持比赛分差；第二，消耗对方体能，节省我方体能；第三，控制比赛节奏与时间。

防守战术的使用前提有两个：一是考虑比赛时间和分差，二是权衡自己的防守能力和对手的进攻能力是否允许。一般情况下，第三局在比分领先较大的情况下可以适当使用防守战术。有经验的运动员也经常在比赛的第一局和第二局使用防守战术。防守战术需要高超的防守技术和运用能力作支撑。防守战术使用的手段主要是假动作、格挡和闪躲。防守战术必须服从整场比赛的战术计划，必须适时与进攻战术和反击战术搭配。

（1）相持。相持是指站好实战姿势和对手对峙，自己无论有没有机会进攻都不发动攻击，并通过假进攻、假反击和身体前后小范围移动等手段，干扰和抑制对手的战术思路和行动，保持和对手的对峙状态。这种策略一般在试探对手时，或比分领先并且对方比赛经验不足时使用。使用相持策略时要考虑和处理好裁判对消极比赛的警告判罚问题。

（2）压制。双方对峙中，我方通过短距离移动，不断向前压制对手，做到压而不打。如果对方向我方发动进攻，我方则迅速向前移动贴靠对方，破坏对方的攻击距离，使其不能完成进攻。如果对方企图近距离攻击，我方则在对方即将发动攻击时，提前微微后撤，迫使对方重新组织攻势。压制战术主要通过移动和格挡完成对对手的压制。这种策略一般在领先时，面对反击能力相对较弱的对手时使用。

（3）迂回。对方进攻时，我方通过灵活的步法、格挡和身形闪躲，向后面或侧面移动，避开对方的攻击，并与对方保持安全距离。如果对方不进攻，我方则与对方保持相持。这种策略一般在领先对手，并且对手连击能力相对较弱时使用。使用时要注意避免消极比赛和背逃犯规。

第四章
跆拳道竞赛

跆拳道竞赛是检验教学训练效果、激发学员和运动员兴趣、提高运动技术水平的重要手段。跆拳道竞赛包括锦标赛、冠军赛、精英赛、段位赛、大奖赛、巡回赛、邀请赛、对抗赛、交流赛以及俱乐部、道馆学校之间的各类形式和规模的比赛。本章介绍跆拳道竞赛的组织、跆拳道竞赛技术官员及职责、跆拳道竞赛的编排工作、跆拳道竞赛所需物品、跆拳道竞赛规则与裁判法的主要内容、裁判手势与口令等。

通过对本章内容的学习，可以全面了解跆拳道竞赛常识，获得组织竞赛、担任技术官员的相关知识。

第一节　跆拳道竞赛的组织

跆拳道竞赛组织工作包括赛前、赛中和赛后三个部分。

一、赛前的准备工作

赛前做好计划和预案，做好充分准备，是比赛顺利进行的基础。

（一）成立组织机构

根据比赛性质和规模，成立竞赛组织委员会，负责赛前准备工作。组委会主要由竞赛组、裁判组、后勤保障组、宣传组、保卫组等组成。

（二）制定竞赛规程

竞赛规程是竞赛的指导性文件，由主办单位根据竞赛目的、任务、性质、规模等具体情况制定。竞赛规程一般应在赛前三个月发出，以确保参赛各队有充分的准备时间。

竞赛规程主要包括竞赛日期和地点、参加单位及资格、竞赛项目、参加办法、竞赛方法、录取名次及奖励、报名及报到日期和地点、参赛经费、技术官员以及裁判人员选派方法等。

(三) 其他具体准备工作

根据组委会分工，相应部门开始进入工作状态，在运动队和技术官员到达赛场前，做好后勤保障工作（包括接待、交通、票务、车辆、安保、食宿、医务），落实赛事准备工作（包括赛程编排、秩序册印刷、护具、体重秤、电子计时记分系统、成绩处理系统、录像审议系统、竞赛器材准备、运动队训练场地、比赛需要的表格）。

组委会要派专门人员进行检查，工作人员要及时向相关部门反馈工作进展情况，确保准备工作的顺利完成。

(四) 安排竞赛日程

根据比赛时间规定、项目级别多少、各级别参赛人数，科学合理安排赛程。不论参赛人数多少，同一级别的所有比赛原则上应在一天内结束。保证运动员在两场比赛之间有时间恢复体力，保证竞赛进程和竞赛效果。做好开幕式、颁奖仪式和闭幕式安排。

1. 编制与下发秩序册

秩序册在报名截止日期后开始编制。须经专门人员反复核实，保证准确无误和印刷美观。主要内容包括贺词（可不设）、竞赛规程、组委会及组织机构名单、技术代表、竞赛监督委员会名单、仲裁委员会名单、裁判组名单、各代表队名单、大会活动及竞赛日程、参赛人员统计及其他有关内容。

2.组织领队、教练员、裁判员联席会

赛前一天，运动队报到后召开领队、教练员和裁判员联席会议，向各参赛队提出大会要求和有关规定，最后确认参赛队伍和参赛运动员名单，通报有关情况，就各队提出的问题交换意见。

3.裁判员、教练员等赛前培训

竞赛规则如有变动，一般由主办单位跆拳道协会裁判委员会于赛前举办裁判员、教练员学习班组织学习。

大会指定裁判员须提前报到，进行赛前培训、实习及服装准备等工作。技术代表和裁判长负责检查比赛场地等，发现问题及时处理。

引导员和颁奖礼仪小姐要由专业人员培训。

（五）裁判员执裁的注意事项

1.值班裁判长执裁注意要点

监督主裁判员判罚手势，判罚与抹分，录像审议结果的执行等。

监督边裁判员对旋转技术的确认，对拳的技术是否有按错/反/晚键等。

监督记分牌的变化：分值、判罚、时间等。

及时纠正场上出现的错误。

2.主裁判员执裁注意要点

确保运动员安全，引导运动员使用技术动作，保证比赛顺畅进行，不无故随意打断比赛。

比赛开始，流利顺畅，没有多余动作；除发出"Chung""Hong"口令（比赛开始，合议，录像审议），出界，击倒或受伤处理时，其他时间不要干涉运动员的位置。

注意力集中，随时准备处理突发情况。

快进快出，脚步移动迅速，在边线附近移动，双方运动员在边界线附近时，靠近双方运动员。

关注时间，"Keuman"口令的发出和手臂伸直与时间归零同时。

口令、手势、脚步保持一致，清晰果断，主裁判员判罚后要有相对应的判罚手势并确保手势准确，保持节奏与停顿，判罚时将另一方运动员置于身后。

给出判罚或处理得分后确认显示器变化正确，再继续比赛。

给出判罚或者完成其他程序（如合议）后再接录像审议牌；录像审议时传达信息准确，正确执行录像审议委员给出的录像审议结果。

一方被判罚4个"扣分"时，主裁判员要给予提示。

3.边裁判员执裁注意要点

注意坐姿，专注场内情况，只看给予计分的技术（旋转和拳），不管是否有犯规行为。

确认拳的技术时，准确迅速，并根据级别、性别考虑不同击打效果。

旋转技术加减分以及拳的技术进行合议时，简单加分情况原地站立示意主裁判员，复杂情况示意主裁判员召集合议。

主裁判员判犯规行为后忘记抹去犯规行为后得分，或录像审议后抹去犯规行为但忘记加回之前被抹去的得分，场上边裁判员必须召集合议提示主裁判员。

比赛时间归零之前，如有拳或旋转技术因为时间终止，无法按键计分，必须举手合议，如电子护具已为旋转技术计分，则直接示意加上旋转技术追加分；如为拳的技术，首先确认两名或以上边裁判员给一方运动员按键计分，再由主裁判员发起录像审议，判定拳的技术接触护具与时间归零的先后。

针对拳的计分时，如有按错/反/晚键，边裁判员迅速举手合议更正错误。计分屏显示有边裁判员计分，教练员可以要求审议，录像审议委员回看录像画面时，先看是否为双方均使用拳的技术，如双方均使用拳的技术，则审议失败，如确为一方使用拳的技术，但因边裁判员计分错误导致没有计分，则审议成功（也考虑时间问题）。

一名边裁判员站立举手要求合议，另外两名边裁判员也必须站立举手；合议与录像审议同时发生时，先进行合议程序。

第三局比赛最后10秒钟，教练员没有审议配额时，边裁判员可以提出针对增加或减去旋转技术追加分的录像审议要求。

二、竞赛期间的工作

（一）技术官员按照岗位职责工作

仲裁组、录像审议组、裁判组、编排记录组履行各自岗位职责，按照公平公正原则和裁判规则规定执裁，及时记录和公布比赛成绩。按照规定时间组织第二天比赛队员称重，并记录上交编排记录组备案，将不合格队员的比赛资格取消。各部门要在每单元比赛任务结束后进行总结，不断提高工作质量。

场次器材组、医务组、安保组、宣传组要及时到位，认真负责，确保比赛顺利进行。

颁奖组认真组织好每天赛后的颁奖仪式。

相关人员要做好赛会体育道德风尚奖、最佳技术奖、优秀裁判员等的评定工作。

(二) 临场裁判员的工作程序与步骤

1. 裁判员工作步骤

(1) 赛前。认真学习竞赛规则、规程和裁判法；熟悉竞赛程序；认真准备比赛场地、设备、表格、用具、服装等；在身体和心理上做好工作准备。

(2) 赛中。各就其位，各司其职，在比赛期间高度集中注意力，排除一切外界干扰，全力保证比赛公正顺利进行。

(3) 赛后。每场、每节比赛及整个竞赛结束后及时总结经验教训，不断提高执裁水平。赛事活动结束后，写出裁判工作书面总结，上交有关部门。

2. 裁判员进场与退场

(1) 进场。每节或每场比赛开始前，临场裁判组按位置顺序列队入场，要求按规定着装，步伐整齐，精神面貌好。到达各自位置后，听主裁判口令，相互行礼，各就其位。

主、副裁判轮换时，主裁判行至副裁判面前，行礼后换位。

(2) 退场。临场裁判员全体起立，互相行礼，顺序列队退场。

三、竞赛结束期工作

竞赛结束期要统计打印比赛成绩上交裁判长宣读，保存比赛记录材料，组织闭幕式，印发成绩册，做好赛会总结，及参赛队伍和工作人员离会工作。

第二节　跆拳道竞赛技术官员及职责

跆拳道比赛技术官员包括赛风赛纪督察组、技术代表、竞赛监督委员会、审议委员和裁判员等。

一、赛风赛纪督察组

可根据需要设立赛风赛纪督察组，成员由若干具有行政管理、跆拳道竞赛和裁判专业背景的资深人士组成。其职责为监督和检查各项竞赛及赛风赛纪工作、依据《跆拳道竞赛纪律处罚办法》等文件对违背有关规定和体育道德的当事人、运动队进行处罚。

二、技术代表

中国跆协主办的全国性比赛，技术代表由中国跆协技术委员会推荐，中国跆协秘书长任命。技术代表的职责为全面指导、监督竞赛和裁判工作，同时履行竞赛监督委员的职责。技术代表在与竞赛监督委员会进行磋商后，有权对比赛和所有技术事宜作出最终裁决。如出现竞赛规则中没有描述的问题，技术代表有最终决定权。如有必要，技术代表可以在比赛中要求主裁判员以召集合议等形式处理问题。

三、竞赛监督委员会

竞赛监督委员会成员须由具备丰富的跆拳道竞赛经验和裁判知识的资深人士担任。其职责为协助技术代表处理竞赛事宜和技术问题,并确保竞赛的顺利进行;受理、审议、裁决运动队的申诉;对审议委员和裁判员的表现进行评估;在比赛中处理竞赛管理和处罚问题。

四、审议委员

审议委员须由国际级裁判员或资深国家级裁判员担任。每块比赛场地设1名审议委员和1名审议委员助理;审议委员与场上运动员属同一单位或有连带关系时须回避;审议委员应在1分钟内对即时录像进行审议,并告知主裁判员审议结果。

五、裁判员及相关人员

裁判员需要达到以下任职条件:在中国跆协登记注册有效,同时属于中国跆协个人会员,持有中国跆协或世跆联颁发的有效裁判员资格证书;参加由中国跆协定期组织举办的裁判员培训班并通过考核;裁判员须穿着中国跆协指定的裁判员服装,禁止携带妨碍比赛的物品。

配备与岗位设置：使用普通护具时，一般须设1名主裁判员和4名边裁判员；使用电子感应护具时，一般须设1名主裁判员和3名边裁判员；主裁判员或边裁判员与场上运动员属同一单位或有连带关系时须回避。

（一）主裁判员

主裁判员掌握和控制整场比赛，确保比赛安全、公正、精彩；比赛过程中根据场上情况即时发出"开始""分开""暂停""继续""计时""扣分""警告""结束"等口令，并判定胜负。

主裁判员上场前要做好热身活动，并保证着装与仪表整洁，不得携带可能对选手有伤害的物品（手表、金属物等）。集中注意力，排除干扰。口令与手势要及时、准确、清晰，尽量减少比赛的中断，不做不必要的、多余的手势。与两名运动员保持三角形位置关系，以便观察判断并及时控制比赛。

（二）边裁判员

边裁判员及时记分；对"优势判定"进行独立评判；如实回答主裁判员的问询；及时提醒主裁判员对比赛中出现的明显计分错误进行合议。

(三）技术助理

在比赛进行过程中，技术助理须时刻关注显示屏幕的得分，提示判罚和时间显示是否正确，如出现问题，及时通知主裁判员；与系统操作员或记录员保持沟通，及时通知主裁判员暂停或继续比赛；填写比赛记录表，内容包括所有的比分、判罚和录像审议结果。

（四）编排记录长

编排记录长协助技术代表做好赛前准备工作，负责编排记录组工作，审查运动员报名表，参与编制秩序册；处理运动员弃权、变更，抽签组织，编排场地、场次等事宜并向裁判组通报情况；准备各种竞赛表格并发送有关裁判组；负责核实、登记并及时公布比赛成绩；将下阶段比赛秩序及时通报有关部门；及时将各级别比赛结果经核实无误后送交技术代表；整理资料，编写成绩册，协助组委会及时印制竞赛成绩册。

（五）记录员

记录员负责比赛暂停、休息计时；按照主裁判员的指令记录并公布加、减分；记录比赛结果和获胜方式；公布分数和犯规判罚。

(六）检录长

检录长负责检录组工作，保证比赛顺利进行。根据赛程安排，指挥检录员按时点名，认真检查参赛运动员着装是否符合规定；负责发放、回收护具；处理运动员弃权问题，及时通报有关裁判组；协助大会做好开幕式、颁奖、闭幕式等项工作；检录员根据检录长的安排，完成检录组工作。

（七）电子裁判

电子裁判根据规则和规程要求，操作电子计时记分设备，保证设备运转正常。

（八）宣告员

宣告员须熟悉跆拳道竞赛规则及跆拳道运动知识，具有一定语言表达能力。适时介绍跆拳道比赛基本知识及竞赛特点，适当介绍运动员及运动队基本情况；介绍赛会概况，宣布竞赛开始、结束、级别场次，介绍临场裁判、双方运动员。

六、医务监督

赛事组委会医生应在运动员受伤时对其进行及时治疗、抢救；协助主裁判员对运动员的"伪装受伤""击倒"等情况进行及时判断；协助裁判员对运动员进行赛前检查。

参考文献

[1]李照艺.青少年跆拳道运动从入门到精通[M].北京：人民邮电出版社，2021.

[2]马程浩.跆拳道运动系统训练[M].北京：人民邮电出版社，2022.

[3]赵光圣，刘宏伟.跆拳道教程[M].北京：高等教育出版社，2015.

[4]宋资业，李世宏，杨立志.中国跆拳道发展现状综述研究[J].当代体育科技，2022（12）.

[5]亢莉萍，王洋，庞俊鹏.从东京奥运会看世界跆拳道竞争格局[J].中国体育教练员，2022（04）.

[6]梁潇，董一鸣.第十四届全运会跆拳道男子58kg级梁育帅夺金技战术特征分析[J].体育科技文献通报，2022（07）.

[7]潘跃林，时传霞.高校体质弱势群体综合式体育教学模

式研究[J].山东体育学院学报,2010(26).

[8]郭海英,刘晖.生命健康共同体视域下社区"体卫融合"发展困境与推进策[J].体育文化导刊,2022(09).

[9]李爱群,吕万刚,王志强,等.中国式现代化视域下体育强国建设助推中华民族伟大复兴的道路探索[J].武汉体育学院学报,2022(11).

[10]杨桦.体育改革:成就、问题与突破[J].体育科学,2019(01).

[11]"健康中国2030"规划纲要[EB/OL].2020.

[12]黄克成.全纳教育:关注所有学生的学习和参与[M].上海:上海教育出版社,2004.

[13]崔建梅,郭旭玥,李中华,等.太极拳锻炼对大学体育保健班学生心功能指数及身体成分的影响[J].中国学校卫生,2016(37).

[14]许晓琴.健身气功作为高校体育保健课主要教学内容的可行性分析[J].体育科技文献通报,2018(26).

[15]柳娟,蒋训雅,黄帝全.教育公平视角下广东高校体育保健课现状与困境[J].广州体育学院学报,2021(41).

[16]蒋莹.五禽戏运动对保健班大学生身体素质的影响研究[J].安阳师范学院学报,2021(01).

[17]段天龙，刘天宇，沈映制.韩国跆拳道振兴计划对我国武术散打发展的启示［J］.山东体育学院学报，2017（33）.

[18]陆庆锋.校园足球特色项目的实施策略探究——以广州市海珠区晓港西马路小学为例［J］.教育观察，2021（10）.

[19]林秋，凌昆.跆拳道品势修炼对大学生身心理健康的影响［J］.哈尔滨体育学院学报，2017（05）.

[20]董元元.跆拳道品势的美学特征［J］.福建论坛（人文社会科学版），2010（01）.

[21]［美］唐纳德·纽曼.骨肌运动功能学 康复学基础 第3版 外科［M］.北京：北京大学医学出版社，2022.